The Good
Habit
Workbook

習慣化コンサルタント
古川武士

30日で新しい自分を手に入れる
「習慣化」
ワークブック

Ⓓiscover

はじめに 続ける力が人生を変える

　ダイエット、運動、英語学習、片づけ、節約、日記、早起き……。
　多くの方が、こういったことを続けようとしては挫折していきます。一方で、優秀な経営者やビジネスパーソンは、例外なくよい習慣をたくさん身につけています。

　私は独立当初、多くのビジネスパーソンの個人コーチングをしていました。そのとき多くのクライアントから聞こえてきたのは、「早起き、運動、片づけなどの習慣を身につければいいということは十分わかっているよ。でも、結局続かないんだよね。」という声でした。
　実を言うと、私自身もそうでした。かつての私は早起き、片づけ、習いごと、禁煙、運動……、何を始めようとしてもすぐに挫折してしまう究極の飽き性でした。自分の続かない性格が嫌になっていたくらいです。

　そんな自分でもどうにかならないかと考えた私は、続けることを科学的に研究し始めました。というのも、よい習慣をたくさん持っている人は、そもそも習慣化する力に秀でていることに気づいたからです。
　続く人と続かない人100人にインタビューして、挫折パターン・習慣化パターンを客観的に分析し、「習慣化のメソッド」を確立しました。これは、

私の専門であるコーチングと、NLP（神経言語プログラミング）という心理学をベースとした、どんな人にも、どんな習慣にも適用できるものです。

　あなたが何かを続けられないのは、意志の弱さやあなたの性格に原因があるのではなく、「続けるための原則とコツ」を押さえていないからにすぎないのです。

「習慣化のメソッド」を確立した私は、セミナーや研修で多くの方に「続けるための原則とコツ」をお伝えするようになりました。
　また、『30日で人生を変える「続ける」習慣』『新しい自分に生まれ変わる「やめる」習慣』（以上、日本実業出版社）『人生の主導権を取り戻す「早起き」の技術』（大和書房）などの書籍を通じて、みなさんの習慣化をサポートしています。
　その甲斐あって、習慣化に成功して人生が変わったという方がたくさんいらっしゃいます。

　ところが、セミナーや研修に参加してくれた方、本を読んでくれた方が必ずしも習慣化に成功していないという現実が一方でありました。
　それもそのはず、「習慣化のメソッド」がどのようなものであるかを「知る」ことではなく、それを「実践する」ことによってはじめて、習慣を身につけることができるからです。

記録することで習慣化

「習慣化のメソッド」を実践できた方とできなかった方、いちばんの違いは何だったのでしょうか？　たくさんの成功例と失敗例に触れていくなかで、それは、記録しているかどうかの違いであることがわかりました。

　記録することで、
1. 目標が明確になり、最初の一歩を踏み出しやすくなる
2. 続けていることを確認できるため、やる気が出る
3. 続けられなかったときの原因を考えられるようになり、挫折しにくくなる

といったメリットが得られます。

　具体的には、「生活スケジュール」を計画し、記録を残していくことがメインとなります。なぜなら、習慣とは生活リズムのなかに息づくものだからです。たとえば、早起きであれば、起きる時間だけを調整すればいいのではなく、寝る時間を早めることが必須条件となります。そして、早く寝るためには、残業を減らして生活のリズムを変える必要があります。つまり、生活習慣全体を扱うことが欠かせないのです。運動も片づけも英語学習も、すべては24時間のリズムのなかにどのように融合させていくのかという生活習慣全体がテーマとなります。

　だからこそ、朝から夜までの生活スケジュールの記録をつけることで、個々の習慣化が無理なく実現していくのです。

『「続ける」習慣』実践編

　本書はいわば、『「続ける」習慣』の実践編です。

　まずは「続けるための原則とコツ」を第1章で簡潔に紹介します。もっと詳しく知りたい方は、拙著をご覧ください。

　第2章と第3章が、本書のメインとも言えるワークブックです。後ほど詳しく説明しますが、1カ月で習慣化可能な「行動習慣」を3つ身につけることができる、3カ月分のワークとなっています。

　第4章は、事例集となっています。代表的な習慣と、よくある挫折パターンとその対策を具体的に紹介していますので、ワークに書き込むときの参考にしたり、習慣化に挫折しそうになったときにご参照ください。

　最後に、アリストテレスの名言をご紹介します。

「人は習慣によってつくられる。

**　　　　　優れた結果は、一時的な行動ではなく習慣から生まれる」**

「習慣化」ワークブックが、あなたの人生を変えるキッカケになれば幸いです。

2016年9月20日

習慣化コンサルタント　古川 武士

はじめに　続ける力が人生を変える

第1章　習慣化の基本を押さえよう

- 習慣化の基本1　習慣には3つのレベルがある　……… 010
- 習慣化の基本2　習慣引力を振り切る必要がある　……… 012
- 習慣化の基本3　習慣化に成功するまでは、毎日取り組む　……… 014
- 習慣化の基本4　習慣化には原則がある　……… 018
- 習慣化の基本5　人によって、挫折しやすい時期はだいたい決まっている……… 020
- 習慣化の基本6　習慣化のロードマップを把握して、対策を打つ　……… 022
  　　　　　　　反発期（やめたくなる）／不安定期（振り回される）／倦怠期（飽きてくる）
- 習慣化の基本7　やる気のスイッチを活用する　……… 030

第2章　事前ワークと習慣化ワークの使い方

- 事前WORK1　あなたが身につけたい習慣は？　……… 036
- 事前WORK2　理想の生活スケジュールを描く　……… 040

目次

使い方1	生活スケジュールの記録	044
使い方2	今週の振り返り	048
使い方3	1カ月リスト	050

第3章 習慣化ワーク

1st Month ……………………………………………………………… 054
2nd Month ……………………………………………………………… 096
3rd Month ……………………………………………………………… 138

第4章　事例集

片づけ ロケットスタート失速型のAさんの場合 …………………………… 182
英語学習 突発振り回され型のBさんの場合 ………………………………… 188
節約 マンネリ飽き性型のCさんの場合 ……………………………………… 194

TENTS

第1章

習慣化の基本を押さえよう

習慣化の基本 1

習慣には3つのレベルがある

　一口に習慣といっても、さまざまなものがあります。
　ここでは、習慣を身につけるために必要となる期間に応じて、3つのレベルに分けて考えていきたいと思います。

　1つ目は行動習慣です。これは片づけ、英語学習、日記、節約など、日常の行動に関わるような習慣です。習慣化には1カ月かかります。
　2つ目は身体習慣です。これはダイエット、運動、早起き、禁煙、筋トレなど身体のリズムに関わる習慣です。習慣化には3カ月かかります。
　3つ目は思考習慣です。これはポジティブ思考、発想力、論理的思考など、考え方についての習慣で、習慣化がいちばん難しく、6カ月かかります。
　習慣のレベルによって身につけるまでに要する期間や、注意点が変わってきます。ですので、身につけたいと考えている習慣がどのレベルに該当するかをきちんと理解することが重要となります。
　本書は、仕事や私生活で身につけていかなければならない行動習慣を中心に扱います。ワークは1カ月×3セットという構成になっているので、まずは身につけたい行動習慣を3つ、洗い出してみましょう。⇨ 事前WORK1

習慣の3つのレベル

LEVEL 1
行動習慣

- 期間：1ヵ月
- 勉強、日記、片づけ、節約

LEVEL 2
身体習慣

- 期間：3ヵ月
- ダイエット、運動、早起き、禁煙

LEVEL 3
思考習慣

- 期間：6ヵ月
- 論理的思考、発想力、ポジティブ思考

習慣化の基本 2

習慣引力を振り切る必要がある

　なぜ習慣化は難しいのでしょうか？　新しい習慣が続かないのは、脳に、いつも通りを維持しようという本能があるからです。これは、安全、安心、安定を保つためのとても重要な機能です。

　この機能を習慣引力と呼びます。これには、2つの働きがあります。

機能1 脳は、いつも通りを維持する

　習慣引力は、いつも通りの行動を無意識のうちに続けさせようとします。朝起きて、顔を洗って歯を磨いて……、といったことをほとんど無意識に、少ない労力で行えるのは、習慣引力のおかげです。

機能2 変化に抵抗する

　いつも通りを維持しようとすることの裏返しとして、習慣引力は変化に抵抗します。いつも通りのパターンに引き戻そうとするわけです。

　つまり、習慣引力は、すでに身についている習慣を維持し、変化に抵抗するのです。新しい習慣を身につけるのが難しいのは、習慣引力がある以上あたりまえのことなのです。

習慣化には、習慣引力を振り切るための推進力が必要です。推進力不足こそが、習慣化に挫折するいちばんの原因です。

　大きな推進力がずっと必要なわけではありません。古い習慣から離れていくにつれ習慣引力は弱くなり、小さな推進力で大丈夫になります。そしていずれは、習慣引力が新しい習慣を守ってくれるようにさえなります。

　つまり、習慣化というのは、習慣引力を振り切り、身につけたい習慣を「いつも通り」のことだと脳に認識させるプロセスだと言えます。

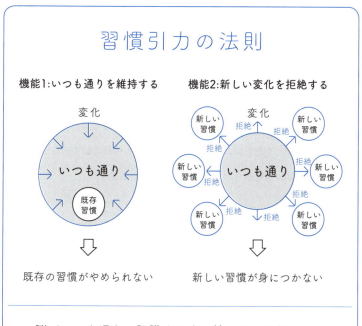

習慣化の基本3

習慣化に成功するまでは、毎日取り組む

身につけたい習慣に毎日取り組む

　習慣引力を振り切るための推進力として、いちばん強力なものは何だと思いますか？

　それは、毎日続けることです。たとえ、最終的に身につけたいのが週3、4回行えばよいようなこと（「毎週2回ランニングをする」「週末は英語の学習をする」など）であっても、習慣化しようとするならば、30日間毎日新しい行動を続けてください。ハードルを下げてでも毎日行動することにより、脳がこの行動はいつも通りのものだと認識していきます。

　私の過去の習慣化サポートの経験からも、30日間毎日行動し続けた人と、週3回で、やる日とやらない日をつくった人とでは、明らかに前者のほうが習慣化に成功していました。

　成功の秘訣は、習慣化に取り組んでいる30日間は、何もしない日を極力ゼロにすることです。30日続けた後は、週3、4回に頻度を落としても大丈夫です。

生活スケジュールの記録にも毎日取り組む

　習慣は、生活のなかに息づくものです。新しい習慣を取り入れるためには、そのための時間をあらかじめ確保してスケジューリングしておくことが大切です。

　しかし、緊急事項に追われていると、自分の時間をけずってしまいがちです。そのような日が続くと、習慣化のための時間がなくなり、習慣は途絶えてしまいます。

　生活スケジュールの記録は、実際の行動だけではなく、どのように行動しようかという計画も一緒に立てるのがコツです。ただ何となくいつも通りすごしていると、目先の仕事だけで時間が埋まってしまいます。自分にとって重要な時間は、意識的に確保する必要があるのです。

　計画を考えるときは、次の順番で引き算をしてみてください。

24時間
- 睡眠時間
- 朝の習慣時間
- 夜の習慣時間
- 生活必要時間（食事、トイレ、化粧、出発準備、風呂、家事洗濯など）
- 最低仕事時間（定時+往復の移動）
- 残業時間

ポイントは、習慣のための時間を先に確保してしまうことです。ここで時間に不足が生じたら、習慣のための時間を削るのではなく、生活や仕事の時間を「高密度化」できないかを考えます。

　たとえば、ある日の引き算が次のようになったとします。
24時間
－ 睡眠時間8時間（7時間＋寝入り寝起き合計1時間）
－ 生活必要時間5時間（食事、トイレ、準備、家事など）
－ 朝と夜の習慣時間2時間（学習・家族との時間、習いごとなど）
－ 最低仕事時間8時間（定時＋往復の移動）
－ 残業時間3時間

　計算の結果は－2時間。そこで、たとえば仕事を効率よく行ったり、残業時間を減らす方法を考えるなどして、この2時間をつくり出すようにするのです。

　理想の生活スケジュールを一度きちんと立てて ⇨ 事前WORK2 、それをもとに毎日の計画に落とし込んでいくのがおすすめです。
　もちろん、毎日理想のスケジュール通りにすごせれば何の問題もないのですが、日々の予定は変動していくものです。むしろ、急な飲み会や残業、出張などが入り、理想のスケジュール通りにすごせることのほうが少ないはずです。

そんなとき、予定を見ながら、それでも習慣化のための枠を確保するにはどうすればいいのかを考えるのです。

　そして、そのためには残業削減が必須だとすると、仕事中何の作業にどれだけの時間を使っているのかを知ることで、改善できる点が見つかります。生活スケジュールの計画と記録を始めてみると、こんなにも無駄な時間があったのかと驚くことがほとんどです。

　こうした現状がわかると、仕事の生産性をさらに高めることができます。結果、時間の不足は解消され、習慣化の時間をつくることができるようになるのです。

　時間を高密度化するコツは、おなじみのPDCAです。予定と実際のスケジュールを書いて、比較して、振り返るわけですが、予定した通りに実行できなくても気にしすぎる必要はありません。どうすれば実行できるかを都度考え、改善を続けていくことが大切です。

　ほかにも、予定をしっかり立てることには合理的な理由があります。理想の時間の使い方が毎日きちんとわかっていれば、私たちは自然と、そのスケジュールをなんとか守ろうとします。心理学で一貫性の法則と言うのですが、私たちは、決めたことはやらないと気が済まない心理を持っているのです。

習慣化の基本4

習慣化には原則がある

多くの人の習慣化のサポートをしてきた経験から、次の3つの原則を守ることが習慣化を成功させるコツであることに気づきました。どれも、効率よく習慣引力を振り切るためのものとなっていますので、ぜひ、取り入れてみてください。

原則1 一度に1つの習慣に取り組む

「習慣化のメソッド」を知り、やる気に満ちた結果、一度にあれもこれも習慣化しようと欲張りすぎて挫折するというケースがよくあります。しかし、習慣化は一度に1つというのが原則です。

一度に2つ、3つの習慣に同時に取り組むことは、先ほど紹介した習慣引力が2重、3重にかかることを意味します。2倍、3倍の引力を振り切るためには、莫大な推進力が必要となってしまいます。

たとえば、「早起きする、ジョギングする、片づけをする」と決めた場合、どれか1つでもうまくいかなくなったときに総崩れしがちです。まずは早起きから着手する、次に片づけ、そしてジョギングというように、1つずつ確実に習慣化していきましょう。これが成功の秘訣です。

原則2　ルールはシンプルに

　取り組むのが1つの習慣であっても、そこに複雑なルールがあると、習慣化が困難になりがちです。たとえば、英語学習を習慣化しようとして、通勤電車で英単語、昼休みにリスニング、週末は文法学習などと細かくルール化して、うまく実践できずに挫折してしまうのです。

　こんなときは、何をやるのが最も効果的なのかを考えて、行動を1つに絞ってしまいましょう。たとえば、最初の1カ月は通勤電車で英単語を勉強するようにして、自宅で行うライティングは2カ月目に回すのです。

原則3　結果より行動を重視する

　習慣化によって得られる結果にどうしても注目したくなるものですが、結果にこだわりすぎると挫折につながります。

　たとえば、6カ月でTOEICの点数を200点アップさせるという目標を設定し、毎日2時間の英語学習習慣をスタートさせたとします。見事毎日勉強を続けられたものの、3カ月後の模擬試験の結果はわずか50点の伸びだったとしましょう。多くの方がここで、勉強時間を倍に増やして結果を求めようとします。しかし、こういった無理がきっかけで、1年後には英語学習をやめてしまっているというケースが実に多いのです。

　これは、結果を意識しすぎて習慣行動のリズムを壊してしまう典型的な例です。習慣は目的・目標のための手段です。目的・目標を見据えて習慣行動を決めたら、次はプロセスに集中してください。結果は必ずついてきます。

習慣化の基本 5

人によって、挫折しやすい時期はだいたい決まっている

　詳しくは「習慣化の基本6」で紹介しますが、習慣化は3つの時期に分けられます。そして、人によって、挫折しやすい時期はだいたい決まっています。挫折しやすい時期がわかれば、その時期の対策を重点的に練ることで習慣化を成功に導くことができます。

　あなたは次のどれに当てはまるでしょうか？　考えてみてください。

> ☑ **ロケットスタート失速型**
> 　（反発期に注意！）

「さあ、やるぞ！」という気合いに任せて、がんばりすぎて三日坊主になるのがロケットスタート失速型の人です。高い目標を掲げるあまり、反発期の強い習慣引力に押し戻され、挫折してしまうのです。

　一度に複数の習慣を身につけようとしたり、複雑なルールをつくってしまう人はこの型の可能性大です。

　目標達成と習慣化は違います。うさぎとカメの童話でいうなら、カメの精神です。続く人は、最初は緩くスタートし、徐々にペースを上げていきます。

☑ 突発振り回され型
（不安定期に注意！）

　最初のうちはコツコツと続けられるものの、飲み会、急な残業、家族との用事など急で突発的な予定にリズムを崩されるのが突発振り回され型です。

　せっかく反発期の強力な習慣引力を振り切っても、リズムを崩して何もやらない日が続くと、やがて習慣は絶えていきます。再スタートできればいいのですが、一度リズムを崩すとモチベーションを立て直すのも一苦労です。

　あらかじめ例外ルールを設け、行動を絶やさないように柔軟に対応するのが秘訣です。

☑ マンネリ飽き症型
（倦怠期に注意！）

　マンネリ化から楽しさを感じづらくなりやめてしまうのがマンネリ飽き性型です。継続し続けると、どこかで必ずワンパターンになり飽きてくるタイミングがやってきます。

　マンネリ化は、習慣が身体になじんできている時期にやってくるものです。最後の詰めが甘い人ほど要注意です。

　ここで変化をつけられるかどうかが、習慣化の命運を分けます。

習慣化の基本 6

習慣化のロードマップを把握して、対策を打つ

　行動習慣を身につけるためには、1カ月間毎日行動を続けることで習慣引力を振り切る必要があります。

　三日坊主という言葉があるように、スタート当初の1週間は、本当にやめたくてやめたくて仕方がない時期です。
　次に予定に振り回されてしまう時期が来て、最後にはマンネリ化の罠が待ち受けています。
　これこそ、習慣引力が巧妙に現状を維持しようとするメカニズムなのです。

　このように、1カ月は、毎日が同じように流れていくのではなく、大きく3つの期間（反発期・不安定期・倦怠期）に分かれます。これをロードマップとして示してみました。この3つの期間を上手に乗り越えることで、習慣化の境地にたどりつくことができます。
　それぞれの期間で起こりやすい挫折のパターンとその乗り越え方がありますので、特徴を詳しく見ていきましょう。

習慣化のロードマップ

	反発期	不安定期	倦怠期
期間	1〜7日目	8〜21日目	22〜30日目
症状	やめたくなる	振り回される	飽きてくる
対処	とにかく続ける	仕組みをつくる	変化をつける
対策	①ベビーステップで始める ②シンプルに記録する	①パターン化する ②例外ルールを設ける	①変化をつける ②次の習慣を計画する

反発期
(やめたくなる)

　スタートから7日目までの反発期は、いつも通りを維持しようとする習慣引力の影響が最も強い、挫折率がいちばん高い期間です。

　私の調査では、実に42％の方がこの時期に挫折しています。よく三日坊主といいますが、むしろ7日目までが最も続けるのが難しい時期だといえます。

　習慣引力がいつも通りを維持させようとしているわけですから、7日目までにやめたくなったとしても自分を責める必要はありません。むしろ、最初の7日間は誰でも乗り越えるのが難しいものだと知ったうえで、上手に乗り切る方法を考えればいいのです。

　また裏を返せば、最初の7日間を上手に乗り切れば、半分は成功したようなものです。

　では、反発期はどのように乗り越えていけばいいのでしょうか？　それは、「とにかく続ける」ことです。続けることそれ自体が大変なこの時期は、毎日どんなことがあっても行動を絶やさないことだけに集中していきましょう。

具体的な対策は2つあります。

1. ベビーステップで始める

ベビーステップとは赤ちゃんの一歩という意味で、簡単に言うと「小さく始めましょう」ということです。

どんなに大変なことであっても、ベビーステップなら始めやすくなります。たとえば、毎日1時間英語学習するという場合、まずは15分の聞き流しから始めます。慣れてきたら聞き流しからリスニングに変え、時間を延ばしていくのです。そして、さらに慣れてきたら、文法学習やリーディングを始めます。

このように小さく始めることで、習慣引力の抵抗に負けずに続けることができるのです。

2. シンプルに記録する

反発期の対策の2つ目は、シンプルに記録することです。記録することで自分の行動が見える化され、やる気が出てきます。また、行動を自己管理することができるようにもなります。

特に、数値と感情を記録することでモチベーションが大きくアップします。第3章の習慣化ワークには数値と感情を記入する欄を設けていますので、ご活用ください。

不安定期
(振り回される)

　反発期をすぎた8日目〜21日目までは不安定期で、急な残業やプライベートの予定に振り回されてしまい挫折することが多い時期です。不安定期の挫折率は40％で、反発期同様、挫折率が高い時期となっています。

　反発期はベビーステップでもいいからとにかく続けることで、習慣引力に身体を慣らしていきました。

　不安定期はハードルを上げ、大きな推進力で習慣引力を振り切ります。たとえば、「1日30分英語学習する」ことが習慣化の目標だったら、30分間しっかりと、毎日勉強を続けるようにします。

　そこで問題となるのが、急な残業やプライベートの予定が入ってきて、時間が取れなくなることです。この問題を上手にクリアするために、不安定期は「続ける仕組みをつくる」ことを目指します。

1. パターン化する

　パターン化とは「あなたが身につけたい習慣を一定パターン（時間・場所・行動）に落とし込んでしまう」ことです。一定パターンで続けることは、習

慣化にとても効果的です。パターン化することで、身体に行動リズムを覚えさせることができるからです。

　身につけたい習慣にフィットする時間帯や場所・行動を考え、そのパターンを「聖域」として確保するようにしましょう。

２.例外ルールを設ける

　パターン化して「21時からの１時間は英語の勉強をする」と決めたとしても、残業で帰宅が23時になった日はやる気が湧いてこないものです。そして「今日ぐらいやらなくてもいいか。明日がんばろう」という誘惑がやってきます。

　しかし、これが挫折のきっかけになります。
　このような急な予定や決めた通りに行動できない場合に有効なのが、「例外ルールを設けること」です。例外ルールとは「残業や飲み会・やる気がしないときに何をするかをあらかじめ決めておくこと」です。

　飲み会、残業、週末の家族との予定、天気（雨・寒さ）、気分が乗らないなど、決めたことが守れないケースは必ず出てくるものです。
　そのときに適用する簡単な例外ルールを決めておきましょう。反発期と同様行動をゼロにしないことが目的なので、たった１分、１回でもいいので、小さく行動し続けましょう。
「パターン化＋例外ルール」であなたの続ける仕組みの８割が完成します。

倦怠期
（飽きてくる）

　ここまでで習慣化の8割が完成したと言えます。最後の倦怠期は、マンネリ化を感じて挫折してしまう、気の抜けない時期です。

　倦怠期は、徐々に続けることの意味を感じなくなったり、物足りなくなったりして、「意味ないかも」「つまらないなあ」「飽きてきた」と感じる時期です。
　しかし、このような考えに流されてはいけません。これこそ、習慣引力の最後の抵抗なのです。
　ここを乗り越えてようやく、習慣化に成功します。最後の倦怠期を上手に乗り越えましょう。

　なかには、30日目以降に倦怠期がやってくる人もいますが、22日目から30日目までにマンネリ化への対策をしておけば、今後いつ倦怠期が襲ってきても大丈夫です。
　倦怠期の大きなテーマは「変化をつける」ことです。

1. 変化をつける

　同じことを続けていると、その単調さから徐々に飽きてくるものです。
　そんなときは、小さな変化を持ち込むことをおすすめします。
　たとえば、英語学習であれば、勉強する場所を変える（自宅からカフェへ）、題材を英語テキストから好きな本に変えるなどです。

　変化をつけるポイントは、バリエーションを用意しておくことです。最低でも３つくらい考えておくと、習慣化の後も安心です。
　ただし、不安定期につくったパターンやルールは安易に変えないようにしましょう。せっかくつくった習慣リズムを崩してしまう危険性があります。

2. 次の習慣を計画する

　最後に、次に習慣化したいテーマを見つけ、それを実践するためのプランをつくってください。
　よい習慣を増やすことで人生は変わっていきます。だから、習慣が１つ身についたら、すぐに次の習慣に取り組むための準備をしておきましょう。

　倦怠期に次の習慣化プランをつくっておくと、今の習慣は人生を変えるための通過点の１つにすぎなくなり、「さあこれを乗り切って次に行こう」とやる気が湧いてきます。

習慣化の基本 7

やる気のスイッチを活用する

　これも、続く人と続かない人をインタビューしてわかったことなのですが、続く人は自分のやる気を上げるツボをよく知っているようです。

　スイッチは、「モチベーションを上げ、続ける仕組みをつくる」のに役立ちます。
　どの期間でも威力を発揮してくれますが、とくに不安定期に効果的です。

　ただし、人によって効果的なスイッチは違います。また、続けたい習慣によっても変わってくるものです。どのようなスイッチがあなたにとって効果的か、考えてみましょう。

　スイッチには、大きくアメ系とムチ系があります。それぞれ、さらに細かく6つに分かれます。その12のスイッチをまとめてリストにしました。自分にはどれが合うか、チェックしながら読んでみてください。

1. アメ系スイッチ（快感）

スイッチ01　ご褒美　ご褒美パワーで目先の困難を乗り越える

英語学習	週に1回大好きな洋画を見る
早起き	出社前に有名ホテルの朝食バイキングを食べる
日記	日記を書き終わったら、ビールを1杯飲む

スイッチ02　ほめられ上手　ほめられる環境をつくり、やる気を上げる

片づけ	夫に毎日「よくがんばっているね」と言ってもらう
ダイエット	1キロ痩せるごとに周囲に変化を聞く
禁煙	毎日SNSに投稿し「いいね」をもらう

スイッチ03　遊び心　遊び心で行動を楽しくし、自分のテンションを上げる

片づけ	アップテンポの曲で気持ちを乗せる
節約	ハナマルシールを1つずつ貼る
運動	かっこいいウェアを買う

スイッチ04　理想モデル　理想のモデルを設定し、今の自分を一段レベルアップさせる

英語学習	オバマの演説を真似する
節約	3年後の憧れのマイホームの写真を貼る
ダイエット	好きなモデルの写真を貼っておく

スイッチ05 儀式
小さな儀式を行うことで、ダルくつらい気持ちを吹き飛ばす

日記	5分間瞑想して心を穏やかにしてから書く
片づけ	片づけのためのユニフォームを着て始める
早起き	寝る前に足湯、ストレッチをして眠りに入る

スイッチ06 悪魔祓い
行動を妨げる障害を取り除き、負担を軽くする

勉強	TVのリモコンを隠す
ダイエット	飲み会は行かない、酒を飲まない
禁煙	喫煙仲間の隣で食事を取らない

2.ムチ系スイッチ（強制力）

スイッチ07 損得感情
お金を投資し、挫折すると損する環境を整える

読書	常に10冊の本をストックしておく
英語学習	10万円の教材を購入する
運動	スポーツジムを年間契約する

スイッチ08 習慣ともだち
習慣ともだちをつくることで甘えを許さない

読書	読書会に入会し、読んだ本の感想を共有する
片づけ	妻と一緒に片づける
運動	友人を巻き込みチームを結成する

スイッチ09 みんなに宣言
みんなに宣言し、後に引けない状態を作る

日記	ブログを「毎日更新する」と友人に宣言する
早起き	「毎日7時に出社する」と上司・同僚に宣言する
禁煙	「一生タバコを吸わない」と上司、妻に宣言する

スイッチ10 罰ゲーム
罰ゲームで、日々のつらさ・言い訳・甘えを撃退する

禁煙	タバコを1本吸ったら、小遣いを半分にする
日記	1日サボったら、腕立て伏せを30回する
早起き	7時出社ができなかった日はトイレ掃除をする

スイッチ11 目標設定
目標を設定して達成意欲を引き出す

節約	月2万円節約し、年末ハワイに行く
英語学習	1年後、TOEICで800点を取る
読書	月10冊、年間120冊を読破する

スイッチ12 強制力
他人との約束を交わし、やるしかない状況に追い込む

英語学習	パーソナルレッスンの予定を入れる
運動	駅伝メンバーとして大会に申し込む
節約	財布に2000円しか入れない

第 2 章

事前ワークと
習慣化ワークの
使い方

事前WORK 1

あなたが身につけたい習慣は？

　あなたが身につけたい習慣は何でしょうか？　ヒントやリストをもとに書き出してみましょう。そして、そのなかから「まずはこれ！」という習慣を3つ、選んでみましょう。最初の1カ月は「生活スケジュールを記録する」ことを習慣化するというのもおすすめです。すべての習慣化の基礎となるからです。

身につけたい習慣をさがすヒント

1. **自己成長** ── あなたの成長を助ける習慣、妨げる習慣は？
2. **お金** ── あなたのお金を増やす習慣、減らす習慣は？
3. **こころ** ── あなたの精神面を豊かにする習慣、かき乱す習慣は？
4. **健康・美** ── あなたの健康・美を磨く習慣、蝕む習慣は？
5. **時間** ── あなたの時間を生み出す習慣、奪う習慣は？
6. **人間関係** ── あなたの人間関係を豊かにする習慣、つらくする習慣は？

習慣リスト

1.自己成長
本を読む／オーディオ学習をする／日記をつける／新しい人と会う／専門分野の勉強をする／資格取得の勉強をする／セミナー、勉強会に出る／通勤時間を学習時間に変える／BLOG・メルマガで発信する／定期購読する（新聞・情報・メルマガ）／人生計画を立て見直す（30年、10年、5年、3年）／1年の目標を毎日紙に書く

2.お金
自己投資する／貯金する／節約する／資産運用する／家計簿をつける／ギャンブルをやめる

3.こころ
アファメーションを毎日唱える／瞑想する／毎日1つ感謝することを書く／朝から風呂に入る／毎日楽しみにすることを1つ持つ／週に1回は趣味に打ち込む／整理整頓する／1日3回深呼吸する／好きな音楽を聞く／いい質問をする／1日1つ減らす（TODOやモノ）

4.健康・美
サプリメントを飲む／タバコをやめる／毎日3回ハミガキする／自然食品を食べる／毎日7時間寝る／日光を30分浴びる／酒をやめる／筋トレをする／有酸素運動をする／摂取カロリーを制限する／着る服にこだわりを持つ／野菜中心の食事に変える

5.時間
テレビをつけない／前日に翌日の計画を立てる／メールチェックに回数制限を設ける／飲み会を断る／雑用はまとめて処理する／最重要事項3つを先に済ませる／TODOリストに必ずメモする／退社時間を決めて守る／早朝出社する／一度に1つに集中する／時間管理を改善し続ける

6.人間関係
常に相手の名前を呼ぶ／毎日誰かをほめる／1日40％は笑顔でいる／大声であいさつする／聞き手に回る／人を許す／交換日記を書く／毎日10分大切な人と会話する／愚痴・不満を言わない／結論から先に言う

身につけたい習慣リスト

取り組みたい習慣は？

事前WORK2
理想の生活スケジュールを描く

　事前WORKの2つ目は、理想の生活スケジュールを描くことです。理想のスケジュールを描き、全体のバランスを俯瞰しなければ、次の3つの問題が起きてしまいます。

1. たくさん習慣化したものの、毎日の生活満足度が低い

　早起きして、朝から勉強して、仕事から帰ってきたら自炊して、瞑想する。

　理想的な個別の習慣をたし算式に生活に取り入れることで、全体として理想的な生活になるでしょうか？

　1日は24時間しかありません。この限られた時間のなかでどのようにバランスを取っていくかを考えるためには、生活スケジュール全体を俯瞰する必要があります。

2. 理想がわからなければ、何がよい習慣であるかもわからない

　理想から現実にたどり着くためのギャップこそ、私たちが習慣化で取り組む課題です。しかし、多くの場合、その理想が曖昧なままです。理想の生活スケジュールを描くなかであなたにとっての理想を定義し、現実との間にあ

るギャップを探ってみましょう。

3. 全部を変えようとして、挫折してしまう

生活習慣全体を一気に変えるのは、困難です。なぜなら、私たちの生活は恐ろしいほどパターン化しており、かつ相互に連携し合っているからです。まずは理想と現実を見比べ、変えやすいところから徐々に始めていきましょう。

センターピンとボトルネック

理想の生活スケジュールを描く際に重要なことは、センターピンとボトルネックを明確にすることです。それぞれ、詳しく見ていきましょう。

○センターピン

センターピンとは、理想の生活リズムにするために守るべき時間やルールのことです。たとえば、23時就寝、5時起床を目指したいなら、退社時間を18時に設定して守ることがいちばん重要なポイントになるかもしれません。
例：退社時間、早朝の電車時間、PCをOFFにする時間

○ボトルネック

一方ボトルネックとは、理想の生活リズムを崩すできごとや予定などのパターンのことです。
例：飲み会、残業、ネットサーフィン、土日、体調不良

センターピンが明らかになれば、力を一点に集中させることができます。そして、ボトルネックを把握しておけば、将棋倒しのように悪循環に陥っている悪い習慣の原因がわかり、挫折パターンから抜け出すことができるようになります。

　では、第4章の具体例を見ながら、あなたの理想のスケジュールを描いてみましょう。理想のスケジュールは、平日と休日とに分けて描きましょう。ポイントを簡単に紹介します。

平日（仕事のある日）

　月曜日から金曜日までの理想のすごし方を描きます。現状を一旦脇においてしまってください。あくまで、理想的な生活はどうありたいかというゴールを描くことが目的です。

休日（仕事のない日）

　休日は平日とは分けて、どのように1日をすごしたいのかを描きましょう。朝起きる時間から寝る時間までの理想の時間を明確にしていくのです。
　ちなみに、土曜日と日曜日ではすごし方が違うと思いますが、シンプルにするために、仕事のない日＝休日とあえてざっくりと分けます。

理想の生活スケジュール

平日

06
07
08
09
10
11
12
13
14
15
16
17
18
19
20
21
22
23
24

休日

06
07
08
09
10
11
12
13
14
15
16
17
18
19
20
21
22
23
24

使い方 1

生活スケジュールの記録

　生活スケジュールの記録には、4つの記入欄があります。それぞれに何をどのように記録するか、そのコツとともに紹介します。

1. PLAN

　理想の生活スケジュールはあくまで基本軸です。現実はイレギュラーなできごとでいっぱいです。そこで、当日のスケジュールを、理想に近づけながらどのように実際すごすのかを書いてみてください。

　その日のあらゆる予定を考えて現実的なスケジュールを組みます。おすすめは、前日の夜に計画しておくことです。

　どうしても残業しなければならず、退社時間は理想を2時間オーバーするが、寝る時間は死守しよう。そのためには、風呂とテレビの時間を短くする。など、あらかじめ計画を立てておけば、1日の規律が明確になります。

2. REAL ACTION

　ここには、実際の、朝から寝るまでの時間の使い方の記録を取ります。記録の精度は人それぞれです。自分にあった方法を探してみてください。

ここでは、ライトバージョンとディテールバージョンをご紹介します。

ライトバージョン：計画を、ごくごく大まかにチェックできるように記録します。起床、始業、終業、習慣の実施タイミング、就寝というレベルです。

ディテールバージョン：ライトバージョンより詳細に、朝のルーティンや夜のルーティンとして決めた項目を何時からスタートしたのか、どれぐらいやれたのかを記入します。また、仕事については、メールチェック、資料作成、打ち合わせ、外出などタスクをこなすための理想のスケジュールを描き、現実と照らし合わせます。仕事の時間の詳細を記録することを私は時間簿と呼んでいますが、これを行うとタイムマネジメント上の課題が明確になり、驚くほどの効果が上がります。

3. 習慣化の記録

私たちのやる気は、習慣行動の数値化と、直後に味わう感情に大きな影響を受けます。数値化の参考例を表にまとめました。

○数値化の参考指標

勉強・読書	ページ数、時間
片づけ	取り組んだ時間、捨てた量
節約	消費した金額
日記	連続○○日継続！
ジョギング	距離、心拍数、スピード
早起き	起床時間、就寝時間、睡眠時間
ダイエット	摂取カロリー、体重

4．今日の振り返り

　振り返りは新しい習慣が身についてきたことを実感するためにも、また、軌道修正をするためにも欠かせません。しかし、何を振り返ればいいのかが明確でなければ振り返りようがありません。そこで紹介したいのが、KPTという枠組みです。

KEEP（よかったこと）

　KEEPとは、今後も続けていきたいこと、今後に応用したい気づきや学びのことです。よかったことは最初、書きにくいかもしれません。しかし、あえてよかったことから考えることで、ポジティブな感情が湧き上がり、気持ちよく反省点に焦点を当てることができます。反省点は自然に湧いてきますが、よかったことは見すごしてしまいがちです。しかし、こうした小さな達成感・成長感・学び・気づきといった快感は私たちのモチベーションの源泉の1つなのです。

　ここには、「予定通りできたこと」「うまくいったこと」「気づきや発見したこと」を書きましょう。

PROBLEM（改善すること）

　PROBLEMは、課題や反省点です。予定していたことのうち何ができなかったのか、その原因は何だったのかを書き出します。これは、比較的書きやすいはずです。

　私たちのモチベーションの2つ目の源泉は、未達成感・不足感・自己嫌悪

感といった不快感の回避です。理想とのギャップが何だったのかを考えましょう。

たとえば、「予定通りできなかったこと」「うまくいかなかったこと」「反省点や問題の原因」を書きます。

TRY（次活かすこと）

TRYというのは、KEEP、PROBLEMを踏まえて、次にどうするかというアクションを明確にすることです。

ここには、「次回も続けてやることは何か？」「うまくいかなかったことを解消するためには何をするとよいか？」を書きます。

ポイントは、具体的な行動を書くことです。「退社時間を意識する」といった抽象的な表現はあまりよいものとは言えません。一歩踏み込んで、「退社時間を早くするために具体的にどうしたらよいだろうか？」と自分に問いかけてみてください。

そして、たとえば、「明日は18時に退社する」そのために「メールのチェックは1日3回」「重要書類は午前中に処理する」「19時に家族と外食の予定を入れて緊張感をつくる」といった具合に書くのです。

使い方 2
今週の振り返り

　1週間経ったところで、1週間レベルでの振り返りを行いましょう。1日単位の振り返りとは少し視点を変え、より俯瞰的に、計画と実際はどれぐらいズレがあったか、理想のスケジュールと比較してどうなっていたのかを振り返っていきます。

　先週との比較、理想のスケジュールとの比較、計画と実際との比較を行いながら、次のような質問に答えてみてください。

KEEP（よかったこと）
・1週間でよかったこと、できたことは何ですか？
・1週間で成長したこと、よい気づきは何ですか？

PROBLEM（改善すること）
・1週間の反省点は何ですか？
・1週間でできなかったことは何ですか？

TRY（次活かすこと）
・来週1週間、何をしますか？
・来週のベビーステップ（小さな一歩）は何ですか？

今週の振り返り

KEEP(よかったこと)

- 朝、5時起きが4日もできた。先週は0日だった。
- 早起き効果で1時間早く出社した結果、仕事がはかどった。
- 朝は電車が空いているので、本が読めて気持ちがいい。

PROBLEM(改善すること)

- 仕事の終わりを18時に決めていたが1日も守れなかった。
- 突発の仕事を制限なく受けていると残業時間がどんどん増えていった。
- 寝る前に、甘いものを食べてしまう日が3日あった。

TRY(次にすること)

- 平日朝5時起きを5日間達成する。
- そのために18時退社を徹底する。
- スケジュールを綿密に立て、余計な仕事を受けない。

NEXT WEEK →

1st WEEK 反省期(やめたくなる)

使い方3
1カ月リスト

　1カ月リストは、月間での習慣行動の実施状況を俯瞰するためのものです。あなたが決めた習慣は、どれくらい継続できているのでしょうか？

　できた日、少しでもやった日、できなかった日を俯瞰すると、傾向が見えてきます。このようにすることには次のような効用があります。

効用1. 軌道をもとに戻しやすい

　たとえば、習慣化に取り組んでいる途中、3日間何もしない日があると、サボった感や挫折感が強くなり、すべてを投げ出してしまいたくなります。

　しかし、俯瞰して眺めてみることで、これまできちんと取り組んできたことが確認でき、この3日間はあくまで一時的な途絶えにすぎないと気持ちを立て直し、再度習慣化の軌道に戻しやすくなります。

効用2. 小さな達成感が得られる

　習慣行動は、じわじわと効果が出てくるもののため、達成感をすぐには味わいにくいものです。1カ月リストに「今日もできた！」とチェックをつけると、自己肯定感が得られ、モチベーションが湧いてきます。

効用3.空欄を埋めたくなる

人には、空白や空欄があるとそれを埋めたくなる心理があります。私の幼少期の夏休み期間、生活リズムをよくするためのラジオ体操が自治体で企画されていて、地域の小学生が早起きして参加していました。参加する度にラジオ体操カードにハンコをもらえるのですが、欠席が続くと空欄だらけになってしまいます。空欄というのは気持ち悪いもので、カードをハンコで埋め尽くすために皆勤賞を狙う友人もいたぐらいです。

このような心理、あなたにもありませんか？ 1カ月リストは、空欄を埋めたいというモチベーションを駆り立ててくれます。毎日の泥臭い行動のモチベーションの源泉は、こういった小さな喜びだったりするものなのです。

あなたの習慣がどのくらい継続したかを確認できるように、

しっかりできた ⇨ ◯

少しだけど取り組めた ⇨ △

できなかった ⇨ ✕

を記入していきましょう。

1カ月リスト見本

反発期（やめたくなる）	01	02	03
>	◯	△	◯

習慣化ワーク

第3章

1st MONT

	01	02	03	
反発期 （やめたくなる） ＞				
	08	09	10	
不安定期 （振り回される） ＞				
	15	16	17	
	22	23	24	
倦怠期 （飽きてくる） ＞	29	30		

H

04	05	06	07

11	12	13	14

18	19	20	21

25	26	27	28

反発期のWORK

　習慣化のためには、30日間毎日取り組むことが肝心です。とにかくやめたくなってしまう反発期は、次の2つの対策で乗り切りましょう。

1. ベビーステップで始める
2. シンプルに記録する

対策1. ベビーステップで始める

　今回身につけようとしている習慣では、どのようなベビーステップが考えられるでしょうか？

対策2. シンプルに記録する

　習慣化には、毎日記録することが欠かせません。内容は、数値と感情を記録することです。あらかじめ、数値を記録する指標を決めておきましょう。また、どこまでできたら1カ月リストに◯をつけて、どこまでなら△とするかなどをあらかじめ決めておきましょう。

数値化するもの

◯の基準

△の基準

✕の基準

01

月　　　日

PLAN	REAL ACTION	習慣化の記録
		数値

06

07

08

感情

09

10

11

今日の質問
ベビーステップは楽な一歩に設定できていますか？

質問への回答

12

13

今日の振り返り

14

KEEP（よかったこと）

15

16

17

PROBLEM（改善すること）

18

19

20

TRY（次活かすこと）

21

22

23

24

02

月　　　日

1st WEEK　反発期（やめたくなる）

PLAN	REAL ACTION	習慣化の記録
		数値

06
07
08　　　　　　　　　　　　　　　感情
09
10
11
　　　　　　　　　　　　　　　　今日の質問
　　　　　　　　　　　　　　　　記録はシンプルになっていますか？
12
　　　　　　　　　　　　　　　　質問への回答
13
　　　　　　　　　　　　　　　　今日の振り返り
14　　　　　　　　　　　　　　　KEEP(よかったこと)
15
16
17　　　　　　　　　　　　　　　PROBLEM(改善すること)
18
19
20　　　　　　　　　　　　　　　TRY(次活かすこと)
21
22
23
24

03

月　　　　日

PLAN	REAL ACTION
06	
07	
08	
09	
10	
11	
12	
13	
14	
15	
16	
17	
18	
19	
20	
21	
22	
23	
24	

習慣化の記録

数値

感情

今日の質問
今の習慣が手に入ると3カ月後、1年後どうなっているでしょうか?

質問への回答

今日の振り返り

KEEP(よかったこと)

PROBLEM(改善すること)

TRY(次活かすこと)

04

月　　日

1st WEEK　反発期（やめたくなる）

PLAN	REAL ACTION	習慣化の記録
		数値

06
07
08

感情

09
10
11

今日の質問
あなたの続けるモチベーションは何パーセントですか？

12

質問への回答

13

今日の振り返り

14

KEEP（よかったこと）

15
16
17

PROBLEM（改善すること）

18
19
20

TRY（次活かすこと）

21
22
23
24

05

月　　　日

PLAN	REAL ACTION	習慣化の記録

数値

06

07

08　　　　　　　　　　　　　　**感情**

09

10

11　　　　　　　　　　　　　　今日の質問
　　　　　　　　　　　　　　　小さな一歩を大切にできていますか？

12　　　　　　　　　　　　　　質問への回答

13

　　　　　　　　　　　　　　　今日の振り返り
14
　　　　　　　　　　　　　　　KEEP（よかったこと）
15

16

17　　　　　　　　　　　　　　PROBLEM（改善すること）

18

19

20　　　　　　　　　　　　　　TRY（次活かすこと）

21

22

23

24

06

月　　　日

1st WEEK　反発期（やめたくなる）

PLAN	REAL ACTION	習慣化の記録

数値

06

07

08

感情

09

10

11

今日の質問
不安定期のプランは準備できていますか？

12

質問への回答

13

14

今日の振り返り

KEEP（よかったこと）

15

16

17

PROBLEM（改善すること）

18

19

20

TRY（次活かすこと）

21

22

23

24

07

月　　　日

PLAN	REAL ACTION	習慣化の記録

数値

06
07
08

感情

09
10
11

今日の質問
反抗期を振り返って学んだこと、感じたことは何ですか？

質問への回答

12
13

今日の振り返り

14
KEEP（よかったこと）
15
16
17

PROBLEM（改善すること）

18
19
20

TRY（次活かすこと）

21
22
23
24

今週の振り返り

KEEP（よかったこと）

PROBLEM（改善すること）

TRY（次活かすこと）

NEXT WEEK →

1st WEEK 反発期（やめたくなる）

不安定期のWORK

　不安定期は、ハードルを上げて多少無理してでも身につけたい習慣を毎日しっかりと実践するようにします。イレギュラーなできごとに振り回されてしまうことが増えてきますが、次の3つの対策でこの難所を乗り切りましょう！

1. パターン化する
2. 例外ルールを設ける
3. やる気のスイッチをセットする

対策1. パターン化する

「聖域」にできそうな時間と場所、そしてそこでの具体的な行動内容を書き出してみましょう。

時間
場所
行動

対策2. 例外ルールを設ける

例外となりそうなケースを洗い出し、それぞれに対する例外ルールを決めておきましょう。

```
ケース1              例外ルール1

ケース2              例外ルール2

ケース3              例外ルール3

ケース4              例外ルール4
```

対策3. やる気のスイッチをセットする

30ページにある12のやる気のスイッチを参考に、今回の習慣に合ったスイッチを設定しましょう。

```
スイッチ1

スイッチ2

スイッチ3
```

08

月　　　日

PLAN	REAL ACTION
06	
07	
08	
09	
10	
11	
12	
13	
14	
15	
16	
17	
18	
19	
20	
21	
22	
23	
24	

習慣化の記録

数値

感情

今日の質問
不安定期の方針は何でしたか？

質問への回答

今日の振り返り

KEEP（よかったこと）

PROBLEM（改善すること）

TRY（次活かすこと）

月　　　日

PLAN	REAL ACTION
06	
07	
08	
09	
10	
11	
12	
13	
14	
15	
16	
17	
18	
19	
20	
21	
22	
23	
24	

2nd WEEK　不安定期（振り回される）

習慣化の記録

数値

感情

今日の質問
あなたの習慣にとって心地よいパターンは？

質問への回答

今日の振り返り

KEEP（よかったこと）

PROBLEM（改善すること）

TRY（次活かすこと）

10

月　　　日

PLAN	REAL ACTION	習慣化の記録

数値

06

07

08

感情

09

10

11

今日の質問
決めたパターンを守れないとするとどんな時ですか?

12

質問への回答

13

今日の振り返り

14

KEEP(よかったこと)

15

16

17

PROBLEM(改善すること)

18

19

20

TRY(次活かすこと)

21

22

23

24

11

月　　　　日

PLAN	REAL ACTION	習慣化の記録

数値

06

07

08

感情

09

10

11

今日の質問
習慣のウェイティングリストには何個記入されていますか?

質問への回答

12

13

今日の振り返り

14

KEEP(よかったこと)

15

16

17

PROBLEM(改善すること)

18

19

20

TRY(次活かすこと)

21

22

23

24

2nd WEEK　不安定期(振り回される)

12

月　　　日

PLAN	REAL ACTION

習慣化の記録

数値

06
07
08

感情

09
10
11

今日の質問
あなたのやる気のスイッチ3つは何ですか？

12

質問への回答

13

今日の振り返り

14

KEEP(よかったこと)

15
16
17

PROBLEM(改善すること)

18
19
20

TRY(次活かすこと)

21
22
23
24

072

13

月　　　日

PLAN	REAL ACTION	習慣化の記録

数値

06
07
08

感情

09
10
11

今日の質問
あなたの憧れ・目標とする人が持っている3つの習慣は何ですか？

質問への回答

12
13

今日の振り返り

KEEP(よかったこと)

14
15
16
17

PROBLEM(改善すること)

18
19

20

TRY(次活かすこと)

21
22
23
24

2nd WEEK　不安定期(振り回される)

14

月　　　　日

PLAN	REAL ACTION	習慣化の記録

数値

06
07
08

感情

09
10
11

今日の質問
あなたの5年後の目標は何ですか？

12

質問への回答

13

今日の振り返り

14

KEEP（よかったこと）

15
16
17

PROBLEM（改善すること）

18
19

20

TRY（次活かすこと）

21
22
23
24

今週の振り返り

KEEP(よかったこと)

PROBLEM(改善すること)

TRY(次活かすこと)

2nd WEEK 不安定期(振り回される)

NEXT WEEK

15

月　　　日

PLAN	REAL ACTION	習慣化の記録
		数値

06

07

08　　　　　　　　　　　　　　感情

09

10

11

今日の質問
5年後の目標を手にするために最もパワフルな習慣は何ですか?

12　　　　　　　　　　　　　　質問への回答

13

今日の振り返り

14　　　　　　　　　　　　　　KEEP(よかったこと)

15

16

17　　　　　　　　　　　　　　PROBLEM(改善すること)

18

19

20　　　　　　　　　　　　　　TRY(次活かすこと)

21

22

23

24

16

月　　　日

PLAN	REAL ACTION	習慣化の記録

数値

06
07
08

感情

09
10
11

今日の質問
あなたが子供の頃から続けておけばよかったと思う習慣は何ですか？

12

質問への回答

13

14

今日の振り返り

KEEP（よかったこと）

15
16
17

PROBLEM（改善すること）

18
19
20

TRY（次活かすこと）

21
22
23
24

3rd WEEK　不安定期（振り回される）

17

月　　　　日

PLAN	REAL ACTION	習慣化の記録

数値

06
07
08

感情

09
10
11

今日の質問
あなたの続けるモチベーションは何パーセントですか？

12

質問への回答

13

今日の振り返り

14

KEEP（よかったこと）

15
16
17

PROBLEM（改善すること）

18
19
20

TRY（次活かすこと）

21
22
23
24

月　　　日

PLAN	REAL ACTION	習慣化の記録

数値

06
07
08

感情

09
10
11

今日の質問
ライフバランス（時間・お金・休暇・趣味・自己投資・環境）は整っていますか？

質問への回答

12
13

今日の振り返り

14

KEEP（よかったこと）

15
16
17

PROBLEM（改善すること）

18
19

20

TRY（次活かすこと）

21
22
23
24

3rd WEEK　不安定期（振り回される）

19

月　　　日

PLAN	REAL ACTION
06	
07	
08	
09	
10	
11	
12	
13	
14	
15	
16	
17	
18	
19	
20	
21	
22	
23	
24	

習慣化の記録

数値

感情

今日の質問
あなたが人に誇れる習慣は何ですか？

質問への回答

今日の振り返り

KEEP(よかったこと)

PROBLEM(改善すること)

TRY(次活かすこと)

20

月　　日

PLAN	REAL ACTION	習慣化の記録

数値

06

07

08

感情

09

10

11

今日の質問
倦怠期のプランは準備できていますか？

質問への回答

12

13

今日の振り返り

14

KEEP(よかったこと)

15

16

17

PROBLEM(改善すること)

18

19

20

TRY(次活かすこと)

21

22

23

24

3rd WEEK　不安定期(振り回される)

21

月　　　日

PLAN	REAL ACTION

習慣化の記録

数値

06
07
08

感情

09
10
11

今日の質問
不安定期14日間を振り返って学んだこと、感じたことは何ですか？

質問への回答

12
13

今日の振り返り

14

KEEP(よかったこと)

15
16
17

PROBLEM(改善すること)

18
19
20

TRY(次活かすこと)

21
22
23
24

今週の振り返り

KEEP（よかったこと）

PROBLEM（改善すること）

TRY（次活かすこと）

3rd WEEK 不安定期（振り回される）

NEXT WEEK

倦怠期のWORK

「飽きてきてやる気が出ない」「習慣化の行動に意味を感じづらくなる」「マンネリ化して物足りなさを感じる」というのが倦怠期の典型的な症状です。習慣引力の最後の抵抗に負けないように、次の対策を考えておきましょう。

1. 変化をつける
2. 次の習慣を計画する

対策1. 変化をつける

ちょっとした変化をつけるだけで、新鮮な気持ちで行動に取り組むことができます。今回の習慣では、どのような変化がつけられるでしょうか？

対策2. 次の習慣を計画する

　事前WORKで書いた習慣化リストのうち、次の30日間で取り組むものは何ですか？　選び出してみてください。

22

月　　　日

PLAN	REAL ACTION	習慣化の記録

数値

06

07

08

感情

09

10

11

今日の質問
人はなぜ飽きるのでしょうか？

12

質問への回答

13

今日の振り返り

14

KEEP（よかったこと）

15

16

17

PROBLEM（改善すること）

18

19

20

TRY（次活かすこと）

21

22

23

24

# 23

月　　　日

PLAN	REAL ACTION	習慣化の記録

数値

06
07
08

感情

09
10
11

今日の質問
あなたの変化をつける3つの方法は何ですか?

12

質問への回答

13

今日の振り返り

14

KEEP(よかったこと)

15
16
17

PROBLEM(改善すること)

18
19
20

TRY(次活かすこと)

21
22
23
24

4th WEEK　倦怠期(飽きてくる)

24

月　　　　日

PLAN	REAL ACTION
06	
07	
08	
09	
10	
11	
12	
13	
14	
15	
16	
17	
18	
19	
20	
21	
22	
23	
24	

習慣化の記録

数値

感情

今日の質問
なぜその習慣を選びましたか？

質問への回答

今日の振り返り

KEEP（よかったこと）

PROBLEM（改善すること）

TRY（次活かすこと）

25

月　　　日

PLAN	REAL ACTION	習慣化の記録

数値

06

07

08
　　　　　　　　　　　　　　　感情
09

10

11
　　　　　　　　　　　　　　　今日の質問
　　　　　　　　　　　　　　　次の習慣化プランは何に注意して書きますか？

12　　　　　　　　　　　　　　質問への回答

13

　　　　　　　　　　　　　　　今日の振り返り
14
　　　　　　　　　　　　　　　KEEP(よかったこと)
15

16

17　　　　　　　　　　　　　　PROBLEM(改善すること)

18

19

20　　　　　　　　　　　　　　TRY(次活かすこと)

21

22

23

24

4th WEEK　倦怠期(飽きてくる)

26

月　　　日

PLAN	REAL ACTION

習慣化の記録

数値

06

07

08

感情

09

10

11

今日の質問
あなたの続けるモチベーションは何パーセントですか？

12

質問への回答

13

14

今日の振り返り

KEEP(よかったこと)

15

16

17

PROBLEM(改善すること)

18

19

20

TRY(次活かすこと)

21

22

23

24

27

月　　　日

PLAN	REAL ACTION	習慣化の記録

数値

06
07
08

感情

09
10

今日の質問
あなたに続ける素晴らしさを呼び起こしてくれる座右の書は何ですか？

11

質問への回答

12
13

今日の振り返り

14

KEEP（よかったこと）

15
16
17

PROBLEM（改善すること）

18
19
20

TRY（次活かすこと）

21
22
23
24

4th WEEK　倦怠期（飽きてくる）

28

月　　　日

PLAN	REAL ACTION	習慣化の記録

数値

06

07

08

感情

09

10

11

今日の質問
もし今回の習慣化行動に点数をつけると何点ですか？

12

質問への回答

13

今日の振り返り

14

KEEP（よかったこと）

15

16

17

PROBLEM（改善すること）

18

19

20

TRY（次に活かすこと）

21

22

23

24

29

月　　　日

PLAN	REAL ACTION	習慣化の記録

数値

06
07
08

感情

09
10
11

今日の質問
今日一日が終わったら自分にどんな言葉をかけますか？

質問への回答

12
13

今日の振り返り

14

KEEP（よかったこと）

15
16
17

PROBLEM（改善すること）

18
19
20

TRY（次活かすこと）

21
22
23
24

4th WEEK　倦怠期（飽きてくる）

30

月　　　日

PLAN	REAL ACTION
06	
07	
08	
09	
10	
11	
12	
13	
14	
15	
16	
17	
18	
19	
20	
21	
22	
23	
24	

習慣化の記録

数値

感情

今日の質問
30日の3ステップであなたが学んだこと、気づいたことは何ですか？

質問への回答

今日の振り返り

KEEP（よかったこと）

PROBLEM（改善すること）

TRY（次活かすこと）

今週の振り返り

KEEP(よかったこと)

PROBLEM(改善すること)

TRY(次活かすこと)

4th WEEK 慣怠期(飽きてくる)

祝1カ月
30日間おつかれさまでした。これで習慣化できました。
今回身につけた習慣は、あなたのなかで自律的に発展しリターンをもたらし続けてくれるでしょう。
今後も続ける仕組みを大切にして、変化を持ち込み続けていきましょう。

NEXT HABIT

2nd MON

反発期 (やめたくなる)	01	02	03
不安定期 (振り回される)	08	09	10
	15	16	17
倦怠期 (飽きてくる)	22 / 29	23 / 30	24

04	05	06	07
11	12	13	14
18	19	20	21
25	26	27	28

反発期のWORK

　習慣化のためには、30日間毎日取り組むことが肝心です。とにかくやめたくなってしまう反発期は、次の2つの対策で乗り切りましょう。

1. ベビーステップで始める
2. シンプルに記録する

対策1. ベビーステップで始める

　今回身につけようとしている習慣では、どのようなベビーステップが考えられるでしょうか？

対策2. シンプルに記録する

習慣化には、毎日記録することが欠かせません。内容は、数値と感情を記録することです。あらかじめ、数値を記録する指標を決めておきましょう。また、どこまでできたら1カ月リストに◯をつけて、どこまでなら△とするかなどをあらかじめ決めておきましょう。

数値化するもの

◯の基準

△の基準

✕の基準

01

月　　　日

PLAN	REAL ACTION
06	
07	
08	
09	
10	
11	
12	
13	
14	
15	
16	
17	
18	
19	
20	
21	
22	
23	
24	

習慣化の記録

数値

感情

今日の質問
ベビーステップは楽な一歩に設定できていますか？

質問への回答

今日の振り返り

KEEP（よかったこと）

PROBLEM（改善すること）

TRY（次活かすこと）

月　　　日

PLAN	REAL ACTION
06	
07	
08	
09	
10	
11	
12	
13	
14	
15	
16	
17	
18	
19	
20	
21	
22	
23	
24	

習慣化の記録

数値

感情

今日の質問
記録はシンプルになっていますか？

質問への回答

今日の振り返り

KEEP(よかったこと)

PROBLEM(改善すること)

TRY(次活かすこと)

5th WEEK　反発期(やめたくなる)

03

月　　　日

PLAN	REAL ACTION
06	
07	
08	
09	
10	
11	
12	
13	
14	
15	
16	
17	
18	
19	
20	
21	
22	
23	
24	

習慣化の記録

数値

感情

今日の質問
今の習慣が手に入ると3カ月後、1年後どうなっているでしょうか？

質問への回答

今日の振り返り

KEEP（よかったこと）

PROBLEM（改善すること）

TRY（次活かすこと）

04

月　　　日

PLAN	REAL ACTION
06	
07	
08	
09	
10	
11	
12	
13	
14	
15	
16	
17	
18	
19	
20	
21	
22	
23	
24	

習慣化の記録

数値

感情

今日の質問
あなたの続けるモチベーションは何パーセントですか？

質問への回答

今日の振り返り
KEEP（よかったこと）

PROBLEM（改善すること）

TRY（次活かすこと）

5th WEEK　反発期（やめたくなる）

05

月　　日

PLAN	REAL ACTION
06	
07	
08	
09	
10	
11	
12	
13	
14	
15	
16	
17	
18	
19	
20	
21	
22	
23	
24	

習慣化の記録

数値

感情

今日の質問
小さな一歩を大切にできていますか?

質問への回答

今日の振り返り

KEEP(よかったこと)

PROBLEM(改善すること)

TRY(次活かすこと)

06

月　　　日

PLAN	REAL ACTION	習慣化の記録

数値

06
07
08

感情

09
10
11

今日の質問
不安定期のプランは準備できていますか？

12

質問への回答

13

今日の振り返り

14

KEEP(よかったこと)

15
16
17

PROBLEM(改善すること)

18
19
20

TRY(次活かすこと)

21
22
23
24

5th WEEK　反発期（やめたくなる）

07

月　　　日

PLAN	REAL ACTION	習慣化の記録

数値

06

07

感情

08

09

10

11

今日の質問
反発期を振り返って学んだこと、感じたことは何ですか?

質問への回答

12

13

今日の振り返り

14

KEEP(よかったこと)

15

16

17

PROBLEM(改善すること)

18

19

20

TRY(次活かすこと)

21

22

23

24

今週の振り返り

KEEP(よかったこと)

PROBLEM(改善すること)

TRY(次活かすこと)

5th WEEK 反発期(やめた〈なる〉)

NEXT WEEK

不安定期のWORK

　不安定期は、ハードルを上げて多少無理してでも身につけたい習慣を毎日しっかりと実践するようにします。イレギュラーなできごとに振り回されてしまうことが増えてきますが、次の3つの対策でこの難所を乗り切りましょう！

1. パターン化する
2. 例外ルールを設ける
3. やる気のスイッチをセットする

対策1. パターン化する

「聖域」にできそうな時間と場所、そしてそこでの具体的な行動内容を書き出してみましょう。

```
時間

場所

行動
```

対策2. 例外ルールを設ける

例外となりそうなケースを洗い出し、それぞれに対する例外ルールを決めておきましょう。

ケース1	例外ルール1
ケース2	例外ルール2
ケース3	例外ルール3
ケース4	例外ルール4

対策3. やる気のスイッチをセットする

30ページにある12のやる気のスイッチを参考に、今回の習慣に合ったスイッチを設定しましょう。

- スイッチ1
- スイッチ2
- スイッチ3

6th WEEK 不安定期（振り回される）

08

月　　　日

PLAN	REAL ACTION	習慣化の記録

数値

06

07

08

感情

09

10

11

今日の質問
不安定期の方針は何でしたか？

12

質問への回答

13

今日の振り返り

14

KEEP(よかったこと)

15

16

17

PROBLEM(改善すること)

18

19

20

TRY(次活かすこと)

21

22

23

24

月　　　日

PLAN	REAL ACTION	習慣化の記録

数値

06
07
08

感情

09
10
11

今日の質問
あなたの習慣にとって心地よいパターンは？

質問への回答

12
13

今日の振り返り

KEEP(よかったこと)

14
15
16
17

PROBLEM(改善すること)

18
19

TRY(次活かすこと)

20
21
22
23
24

6th WEEK　不安定期（振り回される）

10

月　　　日

PLAN	REAL ACTION

習慣化の記録

数値

06
07
08

感情

09
10
11

今日の質問
決めたパターンを守れないとするとどんな時ですか？

12

質問への回答

13

今日の振り返り

14

KEEP(よかったこと)

15
16
17

PROBLEM(改善すること)

18
19
20

TRY(次活かすこと)

21
22
23
24

11

月　　　　日

PLAN	REAL ACTION	習慣化の記録

数値

06
07
08

感情

09
10

11

今日の質問
習慣のウェイティングリストには何個記入されていますか？

12

質問への回答

13

今日の振り返り

14

KEEP(よかったこと)

15
16
17

PROBLEM(改善すること)

18
19
20

TRY(次活かすこと)

21
22
23
24

6th WEEK　不安定期(振り回される)

12

月　　　日

PLAN	REAL ACTION
06	
07	
08	
09	
10	
11	
12	
13	
14	
15	
16	
17	
18	
19	
20	
21	
22	
23	
24	

習慣化の記録

数値

感情

今日の質問
あなたのやる気のスイッチ3つは何ですか?

質問への回答

今日の振り返り

KEEP(よかったこと)

PROBLEM(改善すること)

TRY(次活かすこと)

13

月　　　日

PLAN	REAL ACTION	習慣化の記録
		数値

06
07
08

感情

09
10
11

今日の質問
あなたの憧れ・目標とする人が持っている3つの習慣は何ですか？

12

質問への回答

13

今日の振り返り

14

KEEP（よかったこと）

15
16
17

PROBLEM（改善すること）

18
19
20

TRY（次活かすこと）

21
22
23
24

6th WEEK　不安定期（振り回される）

14

月　　　日

PLAN	REAL ACTION

習慣化の記録

数値

06

07

08

感情

09

10

11

今日の質問
あなたの5年後の目標は何ですか?

12

質問への回答

13

今日の振り返り

14

KEEP(よかったこと)

15

16

17

PROBLEM(改善すること)

18

19

20

TRY(次活かすこと)

21

22

23

24

今週の振り返り

KEEP(よかったこと)

PROBLEM(改善すること)

TRY(次活かすこと)

6th WEEK 不安定期(振り回される)

NEXT WEEK

15

月　　日

PLAN	REAL ACTION
06	
07	
08	
09	
10	
11	
12	
13	
14	
15	
16	
17	
18	
19	
20	
21	
22	
23	
24	

習慣化の記録

数値

感情

今日の質問
5年後の目標を手にするために最もパワフルな習慣は何ですか?

質問への回答

今日の振り返り

KEEP(よかったこと)

PROBLEM(改善すること)

TRY(次活かすこと)

16

月　　　　日

PLAN	REAL ACTION	習慣化の記録

数値

06
07
08

感情

09
10
11

今日の質問
あなたが子供の頃から続けておけばよかったと思う習慣は何ですか？

12

質問への回答

13

今日の振り返り

14

KEEP（よかったこと）

15
16
17

PROBLEM（改善すること）

18
19

20

TRY（次活かすこと）

21
22
23
24

7th WEEK　不安定期（振り回される）

17

月　　　日

PLAN	REAL ACTION
06	
07	
08	
09	
10	
11	
12	
13	
14	
15	
16	
17	
18	
19	
20	
21	
22	
23	
24	

習慣化の記録

数値

感情

今日の質問
あなたの続けるモチベーションは何パーセントですか？

質問への回答

今日の振り返り

KEEP（よかったこと）

PROBLEM（改善すること）

TRY（次活かすこと）

18

月　　　日

PLAN	REAL ACTION	習慣化の記録

数値

06
07
08

感情

09
10

今日の質問
ライフバランス(時間・お金・休暇・趣味・自己投資・環境)は整っていますか?

11

質問への回答

12
13

今日の振り返り

KEEP(よかったこと)

14
15
16
17

PROBLEM(改善すること)

18
19
20

TRY(次活かすこと)

21
22
23
24

7th WEEK　不安定期(振り回される)

19

月　　　日

PLAN	REAL ACTION	習慣化の記録

数値

06

07

08

感情

09

10

11

今日の質問
あなたが人に誇れる習慣は何ですか？

12

質問への回答

13

今日の振り返り

14

KEEP(よかったこと)

15

16

17

PROBLEM(改善すること)

18

19

20

TRY(次活かすこと)

21

22

23

24

20

月　　　　日

PLAN	REAL ACTION	習慣化の記録

数値

06
07
08

感情

09
10
11

今日の質問
倦怠期のプランは準備できていますか？

質問への回答

12
13

今日の振り返り

14

KEEP(よかったこと)

15
16
17

PROBLEM(改善すること)

18
19
20

TRY(次活かすこと)

21
22
23
24

7th WEEK　不安定期(振り回される)

21

月　　　日

PLAN	REAL ACTION	習慣化の記録
		数値

06
07
08　　　　　　　　　　　　感情
09
10
11　　　　　　　　　　　　今日の質問
　　　　　　　　　　　　　不安定期14日間を振り返って学んだこと、感じたことは何ですか？
12
　　　　　　　　　　　　　質問への回答
13

　　　　　　　　　　　　　今日の振り返り
14
　　　　　　　　　　　　　KEEP(よかったこと)
15

16
17　　　　　　　　　　　　PROBLEM(改善すること)
18
19
20　　　　　　　　　　　　TRY(次活かすこと)
21
22
23
24

今週の振り返り

KEEP(よかったこと)

PROBLEM(改善すること)

TRY(次活かすこと)

7th WEEK 不安定期(振り回される)

NEXT WEEK

倦怠期のWORK

「飽きてきてやる気が出ない」「習慣化の行動に意味を感じづらくなる」「マンネリ化して物足りなさを感じる」というのが倦怠期の典型的な症状です。習慣引力の最後の抵抗に負けないように、次の対策を考えておきましょう。

1. 変化をつける

2. 次の習慣を計画する

対策1. 変化をつける

　ちょっとした変化をつけるだけで、新鮮な気持ちで行動に取り組むことができます。今回の習慣では、どのような変化がつけられるでしょうか？

対策2. 次の習慣を計画する

事前WORKで書いた習慣化リストのうち、次の30日間で取り組むものは何ですか？ 選び出してみてください。

22

月　　日

PLAN	REAL ACTION

習慣化の記録

数値

06

07

08

感情

09

10

11

今日の質問
人はなぜ飽きるのでしょうか？

12

質問への回答

13

今日の振り返り

14

KEEP（よかったこと）

15

16

17

PROBLEM（改善すること）

18

19

20

TRY（次活かすこと）

21

22

23

24

23

月　　　　　日

PLAN	REAL ACTION	習慣化の記録

数値

06

07

08

感情

09

10

11

今日の質問
あなたの変化をつける3つの方法は何ですか？

12

質問への回答

13

今日の振り返り

14

KEEP(よかったこと)

15

16

17

PROBLEM(改善すること)

18

19

20

TRY(次活かすこと)

21

22

23

24

8th WEEK　倦怠期（飽きてくる）

24

月　　　日

PLAN	REAL ACTION	習慣化の記録
		数値

06
07
08　　　　　　　　　　　　　　感情
09
10
11

今日の質問
なぜその習慣を選びましたか？

12

質問への回答

13

今日の振り返り

14

KEEP（よかったこと）

15
16
17

PROBLEM（改善すること）

18
19
20

TRY（次活かすこと）

21
22
23
24

25

月　　　　日

PLAN	REAL ACTION	習慣化の記録

数値

06

07

08

感情

09

10

11

今日の質問
次の習慣化プランは何に注意して書きますか？

12

質問への回答

13

今日の振り返り

14

KEEP（よかったこと）

15

16

17

PROBLEM（改善すること）

18

19

20

TRY（次活かすこと）

21

22

23

24

8th WEEK　倦怠期（飽きてくる）

26

月　　　日

PLAN	REAL ACTION	習慣化の記録

数値

06
07
08

感情

09
10
11

今日の質問
あなたの続けるモチベーションは何パーセントですか？

質問への回答

12
13

今日の振り返り

14

KEEP（よかったこと）

15
16
17

PROBLEM（改善すること）

18
19

20

TRY（次活かすこと）

21
22
23
24

27

月　　　日

PLAN	REAL ACTION	習慣化の記録

数値

06
07
08

感情

09
10
11

今日の質問
あなたに続ける素晴らしさを呼び起こしてくれる座右の書は何ですか？

質問への回答

12
13

今日の振り返り

14

KEEP（よかったこと）

15
16
17

PROBLEM（改善すること）

18
19
20

TRY（次活かすこと）

21
22
23
24

8th WEEK　倦怠期（飽きてくる）

28

月　　　日

PLAN	REAL ACTION	習慣化の記録

数値

06
07
08

感情

09
10
11

今日の質問
もし今回の習慣化行動に点数をつけると何点ですか？

質問への回答

12
13

今日の振り返り

KEEP(よかったこと)

14
15
16
17

PROBLEM(改善すること)

18
19
20

TRY(次活かすこと)

21
22
23
24

29

月　　　　　日

PLAN	REAL ACTION	習慣化の記録

数値

06

07

08
感情

09

10

11
今日の質問
今日一日が終わったら自分にどんな言葉をかけますか?

質問への回答

12

13
今日の振り返り

14
KEEP(よかったこと)

15

16

17
PROBLEM(改善すること)

18

19

20
TRY(次活かすこと)

21

22

23

24

8th WEEK　倦怠期(飽きてくる)

30

月　　　日

PLAN	REAL ACTION

06
07
08
09
10
11
12
13
14
15
16
17
18
19
20
21
22
23
24

習慣化の記録

数値

感情

今日の質問
30日の3ステップであなたが学んだこと、気づいたことは何ですか？

質問への回答

今日の振り返り

KEEP（よかったこと）

PROBLEM（改善すること）

TRY（次活かすこと）

今週の振り返り

KEEP（よかったこと）

PROBLEM（改善すること）

TRY（次活かすこと）

8th WEEK｜倦怠期（飽きてくる）

祝1カ月
30日間おつかれさまでした。これで習慣化できました。
今回身につけた習慣は、あなたのなかで自律的に発展しリターンをもたらし続けてくれるでしょう。
今後も続ける仕組みを大切にして、変化を持ち込み続けていきましょう。

NEXT HABIT

3rd MON

		01	02	03	
反発期 （やめたくなる）	>				

		08	09	10	
不安定期 （振り回される）	>				
		15	16	17	

		22	23	24	
倦怠期 （飽きてくる）	>	29	30		

H

04	05	06	07
11	12	13	14
18	19	20	21
25	26	27	28

反発期のWORK

　習慣化のためには、30日間毎日取り組むことが肝心です。とにかくやめたくなってしまう反発期は、次の2つの対策で乗り切りましょう。

1. ベビーステップで始める
2. シンプルに記録する

対策1. ベビーステップで始める

　今回身につけようとしている習慣では、どのようなベビーステップが考えられるでしょうか？

対策２. シンプルに記録する

　習慣化には、毎日記録することが欠かせません。内容は、数値と感情を記録することです。あらかじめ、数値を記録する指標を決めておきましょう。また、どこまでできたら１カ月リストに〇をつけて、どこまでなら△とするかなどをあらかじめ決めておきましょう。

数値化するもの

〇の基準

△の基準

✕の基準

9th WEEK 反発期（やめたくなる）

01

月　　日

PLAN	REAL ACTION
06	
07	
08	
09	
10	
11	
12	
13	
14	
15	
16	
17	
18	
19	
20	
21	
22	
23	
24	

習慣化の記録

数値

感情

今日の質問
ベビーステップは楽な一歩に設定できていますか？

質問への回答

今日の振り返り

KEEP（よかったこと）

PROBLEM（改善すること）

TRY（次活かすこと）

月　　　日

PLAN	REAL ACTION	習慣化の記録

数値

06
07
08

感情

09
10
11

今日の質問
記録はシンプルになっていますか？

質問への回答

12
13

今日の振り返り

14

KEEP（よかったこと）

15
16
17

PROBLEM（改善すること）

18
19
20

TRY（次活かすこと）

21
22
23
24

9th WEEK　反発期（やめたくなる）

03

月　　　　日

PLAN	REAL ACTION	習慣化の記録

数値

06
07
08

感情

09
10
11

今日の質問
今の習慣が手に入ると3カ月後、1年後どうなっているでしょうか？

質問への回答

12
13

今日の振り返り

KEEP（よかったこと）

14
15
16
17

PROBLEM（改善すること）

18
19
20

TRY（次活かすこと）

21
22
23
24

04

月　　　日

PLAN	REAL ACTION

習慣化の記録

数値

06
07
08

感情

09
10
11

今日の質問
あなたの続けるモチベーションは何パーセントですか？

12

質問への回答

13

今日の振り返り

14

KEEP（よかったこと）

15
16
17

PROBLEM（改善すること）

18
19
20

TRY（次活かすこと）

21
22
23
24

9th WEEK　反発期（やめたくなる）

05

月　　　日

PLAN	REAL ACTION	習慣化の記録

数値

06

07

08

感情

09

10

11

今日の質問
小さな一歩を大切にできていますか？

質問への回答

12

13

今日の振り返り

14

KEEP（よかったこと）

15

16

17

PROBLEM（改善すること）

18

19

20

TRY（次活かすこと）

21

22

23

24

月　　　　日

PLAN	REAL ACTION	習慣化の記録
		数値

06
07
08
09
10
11
12
13
14
15
16
17
18
19
20
21
22
23
24

感情

今日の質問
不安定期のプランは準備できていますか？

質問への回答

今日の振り返り

KEEP（よかったこと）

PROBLEM（改善すること）

TRY（次活かすこと）

9th WEEK　反発期（やめたくなる）

07

月　　　　日

PLAN	REAL ACTION
06	
07	
08	
09	
10	
11	
12	
13	
14	
15	
16	
17	
18	
19	
20	
21	
22	
23	
24	

習慣化の記録

数値

感情

今日の質問
反発期を振り返って学んだこと、感じたことは何ですか？

質問への回答

今日の振り返り

KEEP（よかったこと）

PROBLEM（改善すること）

TRY（次活かすこと）

今週の振り返り

KEEP(よかったこと)

PROBLEM(改善すること)

TRY(次活かすこと)

9th WEEK 反抗期（やめたくなる）

NEXT WEEK

不安定期のWORK

　不安定期は、ハードルを上げて多少無理してでも身につけたい習慣を毎日しっかりと実践するようにします。イレギュラーなできごとに振り回されてしまうことが増えてきますが、次の3つの対策でこの難所を乗り切りましょう！

1. パターン化する
2. 例外ルールを設ける
3. やる気のスイッチをセットする

対策1. パターン化する

「聖域」にできそうな時間と場所、そしてそこでの具体的な行動内容を書き出してみましょう。

時 間
場 所
行 動

対策2. 例外ルールを設ける

例外となりそうなケースを洗い出し、それぞれに対する例外ルールを決めておきましょう。

ケース1	例外ルール1
ケース2	例外ルール2
ケース3	例外ルール3
ケース4	例外ルール4

対策3. やる気のスイッチをセットする

30ページにある12のやる気のスイッチを参考に、今回の習慣に合ったスイッチを設定しましょう。

スイッチ1
スイッチ2
スイッチ3

08

月　　　日

PLAN	REAL ACTION

習慣化の記録

数値

06

07

08

感情

09

10

11

今日の質問
不安定期の方針は何でしたか？

12

質問への回答

13

今日の振り返り

14

KEEP（よかったこと）

15

16

17

PROBLEM（改善すること）

18

19

20

TRY（次活かすこと）

21

22

23

24

月　　　日

PLAN	REAL ACTION	習慣化の記録

数値

06

07

08　　　　　　　　　　　　　　　感情

09

10

11　　　　　　　　　　　　　　　今日の質問
　　　　　　　　　　　　　　　　あなたの習慣にとって心地よいパターンは？

12　　　　　　　　　　　　　　　質問への回答

13

　　　　　　　　　　　　　　　　今日の振り返り
14
　　　　　　　　　　　　　　　　KEEP（よかったこと）
15

16

17　　　　　　　　　　　　　　　PROBLEM（改善すること）

18

19

20　　　　　　　　　　　　　　　TRY（次活かすこと）

21

22

23

24

10th WEEK　不安定期（振り回される）

10

月　　　日

PLAN	REAL ACTION	習慣化の記録

数値

06

07

08

感情

09

10

11

今日の質問
決めたパターンを守れないとするとどんな時ですか？

12

質問への回答

13

今日の振り返り

14

KEEP（よかったこと）

15

16

17

PROBLEM（改善すること）

18

19

20

TRY（次活かすこと）

21

22

23

24

11

月　　　日

PLAN	REAL ACTION	習慣化の記録

数値

06

07

08

感情

09

10

11

今日の質問
習慣のウェイティングリストには何個記入されていますか？

12

質問への回答

13

今日の振り返り

14

KEEP（よかったこと）

15

16

17

PROBLEM（改善すること）

18

19

20

TRY（次活かすこと）

21

22

23

24

10th WEEK　不安定期（振り回される）

12

月　　　　　日

PLAN	REAL ACTION

習慣化の記録

数値

感情

今日の質問
あなたのやる気のスイッチ3つは何ですか?

質問への回答

今日の振り返り

KEEP(よかったこと)

PROBLEM(改善すること)

TRY(次活かすこと)

13

月　　　日

PLAN	REAL ACTION

習慣化の記録

数値

06
07
08

感情

09
10
11

今日の質問
あなたの憧れ・目標とする人が持っている3つの習慣は何ですか？

12

質問への回答

13

今日の振り返り

14

KEEP(よかったこと)

15
16
17

PROBLEM(改善すること)

18
19
20

TRY(次活かすこと)

21
22
23
24

10th WEEK　不安定期（振り回される）

14

月　　　日

PLAN	REAL ACTION

習慣化の記録

数値

06
07

08
09

感情

10
11

今日の質問
あなたの5年後の目標は何ですか？

12
13

質問への回答

今日の振り返り

14
15

KEEP(よかったこと)

16
17

PROBLEM(改善すること)

18
19

20
21

TRY(次活かすこと)

22
23

24

今週の振り返り

KEEP(よかったこと)

PROBLEM(改善すること)

TRY(次活かすこと)

10th WEEK 不安定期(振り回される)

NEXT WEEK →

15

月　　　日

PLAN	REAL ACTION

習慣化の記録

数値

06

07

08

感情

09

10

11

今日の質問
5年後の目標を手にするために最もパワフルな習慣は何ですか?

12

質問への回答

13

今日の振り返り

14

KEEP(よかったこと)

15

16

17

PROBLEM(改善すること)

18

19

20

TRY(次に活かすこと)

21

22

23

24

月　日

PLAN	REAL ACTION	習慣化の記録
		数値

06
07
08　　　　　　　　　　　　　　　　感情
09
10
11　　　　　　　　　　　　　　　　今日の質問
　　　　　　　　　　　　　　　　　あなたが子供の頃から続けておけばよかったと思う習慣は何ですか？
12　　　　　　　　　　　　　　　　質問への回答
13
　　　　　　　　　　　　　　　　　今日の振り返り
14　　　　　　　　　　　　　　　　KEEP(よかったこと)
15
16
17　　　　　　　　　　　　　　　　PROBLEM(改善すること)
18
19
20　　　　　　　　　　　　　　　　TRY(次活かすこと)
21
22
23
24

11th WEEK　不安定期(振り回される)

17

月　　　日

PLAN	REAL ACTION	習慣化の記録

数値

06

07

08

感情

09

10

11

今日の質問
あなたの続けるモチベーションは何パーセントですか？

12

質問への回答

13

今日の振り返り

14

KEEP（よかったこと）

15

16

17

PROBLEM（改善すること）

18

19

20

TRY（次活かすこと）

21

22

23

24

18

月　　　日

| PLAN | REAL ACTION | 習慣化の記録 |

数値

06
07
08

感情

09
10

今日の質問
ライフバランス（時間・お金・休暇・趣味・自己投資・環境）は整っていますか？

11

質問への回答

12
13

今日の振り返り

14

KEEP(よかったこと)

15
16
17

PROBLEM(改善すること)

18
19
20

TRY(次活かすこと)

21
22
23
24

11th WEEK　不安定期（振り回される）

19

月　　　日

PLAN	REAL ACTION

習慣化の記録

数値

06
07
08

感情

09
10
11

今日の質問
あなたが人に誇れる習慣は何ですか？

12

質問への回答

13

今日の振り返り

14

KEEP(よかったこと)

15
16
17

PROBLEM(改善すること)

18
19
20

TRY(次活かすこと)

21
22
23
24

月　　　日

PLAN	REAL ACTION	習慣化の記録

数値

06
07
08

感情

09
10
11

今日の質問
倦怠期のプランは準備できていますか?

12

質問への回答

13

今日の振り返り

14

KEEP(よかったこと)

15
16
17

PROBLEM(改善すること)

18
19
20

TRY(次活かすこと)

21
22
23
24

11th WEEK　不安定期(振り回される)

21

月　　　日

PLAN	REAL ACTION

06
07
08
09
10
11
12
13
14
15
16
17
18
19
20
21
22
23
24

習慣化の記録

数値

感情

今日の質問
不安定期14日間を振り返って学んだこと、感じたことは何ですか？

質問への回答

今日の振り返り

KEEP(よかったこと)

PROBLEM(改善すること)

TRY(次活かすこと)

今週の振り返り

KEEP(よかったこと)

PROBLEM(改善すること)

TRY(次活かすこと)

11th WEEK 不安定期(振り回される)

NEXT WEEK

倦怠期のWORK

「飽きてきてやる気が出ない」「習慣化の行動に意味を感じづらくなる」「マンネリ化して物足りなさを感じる」というのが倦怠期の典型的な症状です。習慣引力の最後の抵抗に負けないように、次の対策を考えておきましょう。

1. 変化をつける
2. 次の習慣を計画する

対策1. 変化をつける

ちょっとした変化をつけるだけで、新鮮な気持ちで行動に取り組むことができます。今回の習慣では、どのような変化がつけられるでしょうか？

対策2. 次の習慣を計画する

事前WORKで書いた習慣化リストのうち、次の30日間で取り組むものは何ですか? 選び出してみてください。

22

月　　　日

PLAN	REAL ACTION	習慣化の記録

数値

06
07
08

感情

09
10
11

今日の質問
人はなぜ飽きるのでしょうか？

質問への回答

12
13

今日の振り返り

14

KEEP（よかったこと）

15
16
17

PROBLEM（改善すること）

18
19

20

TRY（次活かすこと）

21
22
23
24

23

月　　　日

PLAN	REAL ACTION	習慣化の記録

数値

06
07
08

感情

09
10
11

今日の質問
あなたの変化をつける3つの方法は何ですか?

12

質問への回答

13

今日の振り返り

14

KEEP(よかったこと)

15
16
17

PROBLEM(改善すること)

18
19
20

TRY(次活かすこと)

21
22
23
24

12th WEEK 倦怠期(飽きてくる)

24

月　　　　日

PLAN	REAL ACTION	習慣化の記録
		数値

06
07
08　　　　　　　　　　　　　感情
09
10
11

今日の質問
なぜその習慣を選びましたか？

12
　　　　　　　　　　　　　　質問への回答
13

今日の振り返り

14　　　　　　　　　　　　　KEEP(よかったこと)
15
16
17　　　　　　　　　　　　　PROBLEM(改善すること)
18
19
20　　　　　　　　　　　　　TRY(次活かすこと)
21
22
23
24

25

月　　　　日

PLAN	REAL ACTION	習慣化の記録

数値

06
07
08

感情

09
10
11

今日の質問
次の習慣化プランは何に注意して書きますか？

質問への回答

12
13

今日の振り返り

KEEP(よかったこと)

14
15
16
17

PROBLEM(改善すること)

18
19

TRY(次活かすこと)

20
21
22
23
24

12th WEEK 倦怠期(飽きてくる)

26

月　　　日

PLAN	REAL ACTION	習慣化の記録

数値

06

07

08

感情

09

10

11

今日の質問
あなたの続けるモチベーションは何パーセントですか？

12

質問への回答

13

今日の振り返り

14

KEEP(よかったこと)

15

16

17

PROBLEM(改善すること)

18

19

20

TRY(次活かすこと)

21

22

23

24

27

月　　　　日

PLAN	REAL ACTION	習慣化の記録

数値

06
07
08

感情

09
10

11

今日の質問
あなたに続ける素晴らしさを呼び起こしてくれる座右の書は何ですか？

質問への回答

12
13

今日の振り返り

14

KEEP（よかったこと）

15
16
17

PROBLEM（改善すること）

18
19
20

TRY（次活かすこと）

21
22
23
24

12th WEEK　倦怠期（飽きてくる）

28

月　　　　日

PLAN	REAL ACTION	習慣化の記録
		数値

06

07

08

感情

09

10

11

今日の質問
もし今回の習慣化行動に点数をつけると何点ですか？

12

質問への回答

13

今日の振り返り

14

KEEP（よかったこと）

15

16

17

PROBLEM（改善すること）

18

19

20

TRY（次活かすこと）

21

22

23

24

29

月　　　　日

PLAN	REAL ACTION	習慣化の記録

数値

06
07
08

感情

09
10
11

今日の質問
今日一日が終わったら自分にどんな言葉をかけますか？

12

質問への回答

13

今日の振り返り

14

KEEP(よかったこと)

15
16
17

PROBLEM(改善すること)

18
19
20

TRY(次活かすこと)

21
22
23
24

12th WEEK　倦怠期(飽きてくる)

30

月　　　日

PLAN	REAL ACTION

習慣化の記録

数値

06

07

08

感情

09

10

11

今日の質問

30日の3ステップであなたが学んだこと、気づいたことは何ですか？

12

質問への回答

13

今日の振り返り

14

KEEP（よかったこと）

15

16

17

PROBLEM（改善すること）

18

19

20

TRY（次活かすこと）

21

22

23

24

今週の振り返り

KEEP（よかったこと）

PROBLEM（改善すること）

TRY（次活かすこと）

12th WEEK 倦怠期（飽きてくる）

祝1カ月
30日間おつかれさまでした。これで習慣化できました。
今回身につけた習慣は、あなたのなかで自律的に発展しリターンをもたらし続けてくれるでしょう。
今後も続ける仕組みを大切にして、変化を持ち込み続けていきましょう。

事例集

第4章

片づけ
ロケットスタート失速型のAさんの場合

事例

　IT企業に勤務するSEのAさんは、片づけが大の苦手です。自宅はもちろん、会社のデスク周り、パソコンのデスクトップも散らかり放題です。たまに一念発起して徹底的に取り組むのですが、1日がかりの大仕事になってしまいます。そのため、片づけに対する苦手意識をますます強めています。

アドバイス

　Aさんは、片づけると決めたら徹底的にキレイにしないと気が済まない、中途半端が嫌いな完璧主義タイプです。年末の大掃除などは徹底してやりますが、普段の片づけとなると、「時間がない」「忙しい」と先延ばしにしてしまいます。これでは、部屋がキレイに維持されることはありません。
　Aさんが習慣化を成功させるポイントは、いかに反発期を乗り越えるかです。そのためには、これなら絶対に続けられるというベビーステップを考える必要があります。Aさんの場合は、「1日15分片づけをする」ことにしました。また、生活スケジュールの記録についても、ざっくりとした枠組みで始めることでハードルを下げることにしました。

反発期のワーク

対策1. ベビーステップで始める

・1日15分間だけ片づけをする
・生活スケジュールの記録はざっくり

対策2. 数字と感情を記録する

15分間片づけたら 〇、デスクの上のモノを引き出しにすべて片づけたら △、片付けた後の感想を書く

不安定期のワーク

対策1. パターン化する

時間	仕事が終わったとき
場所	デスクの上や引き出しの中を
行動	15分間整理整頓する

対策2. 例外ルールを設ける

```
ケース1                    例外ルール1
出張して                    家を15分片づける
会社に戻らない

ケース2                    例外ルール2
土日などの休日              家を15分片づける
```

対策3. やる気のスイッチをセットする

```
スイッチ1
みんなに宣言：職場でデスクの上にモノは置かないと宣言する

スイッチ2
ほめられ上手：整頓されたデスクの写真をSNSにアップして
         「いいね」をもらう
```

(倦怠期のワーク)

対策1. 変化をつける

```
PCの整理整頓をしてみる
```

対策2. 次の習慣を計画する

> 英語を自宅で1時間、学習する習慣を身につける

理想のスケジュールとコメント

片づけの時間を朝と夜の2回確保していますが、原則2の「行動ルールはシンプルにする」に反します。まずは夜15分片づけるという行動に絞ることをおすすめします。

片づけが習慣化すれば、必然的に朝の片づけもできるようになるでしょう。ただし、ロケットスタート失速型のAさんにとって、最初の無理は禁物です。確実に7日間実施できる行動に絞ることが重要です。

生活スケジュールへのアドバイス

非常によく書けていると思います。

15分の片づけであれば、生活スケジュールを書かなくても十分対応できるかもしれません。しかし、理想の生活スケジュールに移行していくためにも、1カ月目にこのような記録に慣れておくことが重要です。

この調子で記録を続けてみてください。

Aさんの理想のスケジュール

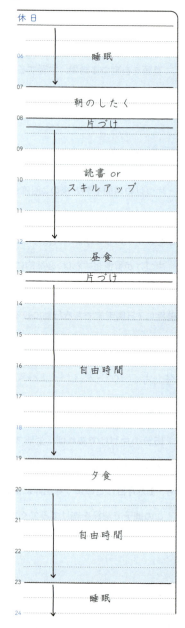

Aさんのある日の生活スケジュールの記録

PLAN	REAL ACTION	習慣化の記録
		数値
06 睡眠	睡眠	30分片づけた
07 ↓	↓	
朝のしたく		**感情**
08 片づけ	朝のしたく	
出勤	出勤	書類の束を
09 ↓	↓	思いきって捨てて
10		すっきり！
11		
		今日の質問
		小さな一歩を大切にできていますか？
12		**質問への回答**
13		まだゼロかイチで
仕事		考えてしまいがち
14 ↓	仕事	**今日の振り返り**
		KEEP（よかったこと）
15		
		仕事終わりに
16		片づけをした
17		
		PROBLEM（改善すること）
18	↓	
		30分片づけたのは、
19 片づけ		完璧主義が抜け切らない
	片づけ	証拠？
20		
		TRY（次活かすこと）
21 夕食&		
FREE	夕食&	片づけを15分で
22	FREE	切り上げる
23		
24 ↓		

英語学習

突発振り回され型のBさんの場合

事例

　Bさんは夜遅くまで仕事をこなす忙しいビジネスパーソンです。頼まれた仕事は断れず、自分のことはついつい後回し。米国公認会計士の資格取得に向けた英語学習に何度か取り組んだものの、仕事が忙しくなる繁忙期に挫折を繰り返しています。

アドバイス

　英語に限らず、学びのための時間を取るのに最もいいのは「朝」です。仕事が終わってからの疲労困憊した頭だと、どうしても学習効率が低下します。ただし、朝の時間を確保しようとすると、早起きという別の習慣にも同時に取り組むことになります。習慣化の原則は一度に1つです。今回は、生活スケジュールを大きく変えずに英語学習する方法を考えましょう。

　また、バリバリ仕事をこなすBさんは典型的な突発振り回され型です。不安定期を乗り越えるための例外ルールをしっかりと練っておきましょう。

> 反発期のワーク

対策1. ベビーステップで始める

- 喫茶店で15分でも学習できたらオッケー
- 英語のテキストを1ページでも読んだらオッケー

対策2. 数字と感情を記録する

1時間で ⭕ (不安定期は例外ルールを守れれば ⭕)、15分で △

> 不安定期のワーク

対策1. パターン化する

時間	朝、出社前の8時00分に
場所	会社近くの喫茶店に寄り
行動	リスニングをする

対策2. 例外ルールを設ける

> ケース1
> 朝寝坊したとき
>
> 例外ルール1
> 通勤電車でリスニングする
>
> ケース2
> 疲れているとき
>
> 例外ルール2
> 喫茶店で5分だけ洋楽を聴く

対策3. やる気のスイッチをセットする

> スイッチ1
> 悪魔祓い：喫茶店での学習中は、スマホの電源をオフにする
>
> スイッチ2
> ご褒美：英語学習が1時間できたら、好きなハニートーストを食べる

倦怠期のワーク

対策1. 変化をつける

> ・リスニング教材を名スピーチ集（ジョブズ、キング牧師など）に変える
> ・CNNを聞く

対策2. 次の習慣を計画する

> 朝、5時に起きる

理想のスケジュールとコメント

　平日は就業前の1時間、土日は午前中の2時間半ずつで合計週10時間、4週間で40時間の勉強時間が確保できます。これは、1年間で480時間となるので、TOEIC800点に手が届く計画となっています。なかなか理想のスケジュール通りには行かないことが予想されるので、毎日の計画への落とし込みをていねいに行っていきましょう。

生活スケジュールへのアドバイス

　生活スケジュールの記録をつけることで、時間の使い方がうまくなり、残業が少なくなり、就業前に勉強するという習慣が定着しつつあるようです。

　ただし、油断は禁物です。Bさんはこれまで、突発的な予定に振り回されて勉強しない日が続き、いつの間にか挫折するというパターンを繰り返してきています。例外ルールをしっかりと練っておきましょう。また、例外ルールを適用しなければならない日が3日以上続いたらどうするか、そもそも、そのような事態にならないようにするために何ができるかも考えてみましょう。

Bさんの理想のスケジュール

平日

- 睡眠
- 06 朝のしたく
- 07
- 移動
- 08
- 英語学習
- 09
- メール対応
- 10
- 11 資料作成
- 12 昼食
- 13
- 14 会議
- 15
- 16 プロジェクト関係
- 17
- 突発業務対応
- 18 移動
- 19 夕食
- 20
- 21
- 自由時間
- 22
- 23
- 睡眠
- 24

休日

- 06 睡眠
- 07
- 08 朝のしたく
- 09
- 10 英語学習
- 11
- 読書
- 12 昼食
- 13
- 14
- 15 自由時間
- 16
- 17
- 18 ジム
- 19
- 夕食
- 20
- 21
- 22 自由時間
- 23
- 24

Bさんのある日の生活スケジュールの記録

時刻	PLAN	REAL ACTION
06	睡眠	睡眠
07	朝のしたく	朝のしたく
08	移動	移動(リスニング)
09	英語学習	英語学習
10	メール対応	メール対応
11	会議	
12	昼食	会議
13		昼食
14	打ち合わせ(社外)	
15		打ち合わせ(社外)
16		
17	資料作成	突発業務対応
18	移動	
19	夕食	資料作成
20		
21	自由時間	移動
22		夕食
23		自由時間
24	睡眠	睡眠

習慣化の記録

数値

通勤電車で40分、
喫茶店で30分
英語学習した

感情

忙しくなってきたけど
続けられている！オッケー！

今日の質問
決めたパターンを守れないとするとどんな時ですか？

質問への回答

忙しいとき

今日の振り返り

KEEP（よかったこと）

例外ルールを守れた
（通勤電車でリスニング）

PROBLEM（改善すること）

例外ルールを
適用しなくても
いい状態をつくる

TRY（次活かすこと）

業務をスピードアップして
時間をコントロールする

節約
マンネリ飽き性型のCさんの場合

事例

食品会社の事務職として働くCさんは、給料の余裕分を洋服代や飲食費に使い、貯金がまったくできていませんでした。そこで、1日の消費を1500円以内に抑える習慣を身につけようとしています。

Cさんは以前節約に挑戦し、うまくいきかけたこともあるのですが、だんだんがまんすることに意味を感じられなくなり、挫折したことがあります。

アドバイス

Cさんは、以前も節約の習慣化に挑戦し家計簿をつけていましたが、倦怠期の22日目にやめてしまいました。その理由は、1日1500円以内の消費という基準をつくっても、友人とのディナーや飲み会があると簡単に挫折してしまうからです。

それならば、1日の目安を1500円にして、1カ月4.5万円のお小遣いと決めておくことで柔軟に対応することができます。また、貯蓄するには、給料を自動的に貯蓄口座へ「天引き」してしまうのがおすすめです。先に引き算して残ったお金で生活するようにしてみてください。

> 反発期のワーク

対策1. ベビーステップで始める

> ・まずは、使った金額を記録する
> ・ペットボトルを買わず、お茶を持参する

対策2. 数字と感情を記録する

> レシートを集計して消費額を書く。1500円以内なら 〇 、2000円以内ならでなら △、節約できたときの感情を書く

> 不安定期のワーク

対策1. パターン化する

時間	毎朝、
場所	自宅で
行動	財布に1500円だけ入れる

対策2. 例外ルールを設ける

ケース1	例外ルール1
友達と食事	1カ月のトータルでやりくりをする
ケース2	例外ルール2
高い買い物	1週間保留リストに書いておいて、それでもほしければ買う

対策3. やる気のスイッチをセットする

スイッチ1
強制力：毎月5万円の定期積み立てをする

スイッチ2
ご褒美：1週間に1回は、1000円ランチを楽しむ

> 倦怠期のワーク

対策1. 変化をつける

- 自炊をして安くて美味しいものを食べるようにする
- 洋服は着まわしを考えてバリエーションを増やす

対策２.次の習慣を計画する

> 毎日日記を書く

理想のスケジュールとコメント

　節約のような習慣では、無理なく続けるためにあえて理想のスケジュールを描かないというのもありです。というのも、時間の使い方とは少し違うところに習慣化のポイントがあるからです。

　とはいえ、記録することの効果は絶大なので、習慣化の記録や今日の振り返り、1週間の振り返りなどは続けてみてください。

生活スケジュールへのアドバイス

　Cさんは、生活スケジュールの計画と記録は省略することにしましたが、習慣化の記録と振り返りは毎日行うようにしたようです。

　数値と感情を記録することで、イライラしたときに出費が増えるなどの傾向がつかめたり、よかったことを書き続けることでモチベーションが維持されていると言います。

　習慣化の記録と振り返りだけでも十分な効果が得られますので、この調子で続けていきましょう。

Cさんの理想のスケジュール

平日

- 06 睡眠
- 07 朝のしたく
- 08 出勤
- 09
- 10 仕事
- 11
- 12 ランチ
- 13
- 14
- 15 仕事
- 16
- 17
- 18 帰宅
- 19 夕食
- 20
- 21
- 22 自由時間
- 23
- 24 睡眠

休日

- 06 睡眠
- 07
- 08 朝のしたく
- 09
- 10 自由時間
- 11
- 12 ランチ
- 13
- 14
- 15
- 16 趣味・遊び
- 17
- 18
- 19 夕食
- 20
- 21
- 22 自由時間
- 23
- 24 睡眠

Cさんのある日の生活スケジュールの記録

PLAN	REAL ACTION	習慣化の記録

数値

3000円
使ってしまった…

感情

今日は忙しくて
イライラしてた。
自然とお菓子に手が。

今日の質問
今日一日が終わったら自分にどんな言葉をかけますか？

質問への回答

take it easy!

今日の振り返り

KEEP(よかったこと)

夕食を外食で
すませようかと思ったけど
がまんした。

PROBLEM(改善すること)

忙しくてもしっかりと
ランチをとる！

TRY(次活かすこと)

朝コンビニに
寄らない

30日で新しい自分を手に入れる
「習慣化」ワークブック

発行日　2016年11月15日　第1刷

Author	古川武士
Book Designer・DTP	小林祐司
Publication	株式会社ディスカヴァー・トゥエンティワン 〒102-0093　東京都千代田区平河町2-16-1 平河町森タワー11F TEL　03-3237-8321（代表）　FAX　03-3237-8323 http://www.d21.co.jp
Publisher	干場弓子
Editor	堀部直人
Marketing Group	**Staff** 小田孝文　井筒浩　千葉潤子　飯田智樹　佐藤昌幸　谷口奈緒美 西川なつか　古矢薫　原大士　蛯原昇　安永智洋　鍋田匠伴　榊原僚 佐竹祐哉　廣内悠理　梅本翔太　奥田千晶　田中姫菜　橋本莉奈 川島理　渡辺基志　庄司知世　谷中卓 **Assistant Staff** 俵敬子　町田加奈子　丸山香織　小林里美　井澤徳子　藤井多穂子 藤井かおり　葛目美枝子　伊藤香　常徳すみ　鈴木洋子　片桐麻季 板野千広　阿部純子　山浦和　住田智佳子　竹内暁子　内山典子
Productive Group	**Staff** 藤田浩芳　千葉正幸　原典宏　林秀樹　三谷祐一　石橋和佳　大山聡子 大竹朝子　井上慎平　林拓馬　塔下太朗　松石悠　木下智尋
E-Business Group	**Staff** 松原史与志　中澤泰宏　中村郁子　伊東佑真　牧野類　伊藤光太郎
Global & Public Relations Group	**Staff** 郭迪　田中亜紀　杉田彰子　倉田華　鄧佩妍　李瑋玲　イエン・サムハマ
Operations & Accounting Group	**Staff** 山中麻吏　吉澤道子　小関勝則　池田望　福永友紀
Proofreader	文字工房燦光
Printing	株式会社シナノ

・定価はカバーに表示してあります。本書の無断転載・複写は、著作権法上での例外を除き禁じられています。インターネット、モバイル等の電子メディアにおける無断転載ならびに第三者によるスキャンやデジタル化もこれに準じます。
・乱丁・落丁本はお取り換えいたしますので、小社「不良品交換係」まで着払いにてお送りください。

ISBN978-4-7993-1998-7
©Takeshi Furukawa, 2016, Printed in Japan.